教師教育テキストシリーズ 7

教育の法と制度

浪本 勝年　編

学文社

■執筆者■

三輪	定宣	千葉大学（名誉教授）	[序]
＊浪本	勝年	日本教育法学会（理事）	[第1章]
三上	昭彦	日本教育政策学会（会長）	[第2章]
蔵原	清人	工学院大学	[第3章]
喜多	明人	早稲田大学	[第4章]
土屋	基規	宝塚医療大学	[第5章]
髙津	芳則	大阪経済大学	[第6章]
廣田	健	北海道教育大学	[第7章]
中嶋	哲彦	名古屋大学	[第8章]
井深	雄二	奈良教育大学	[第9章]
荒牧	重人	山梨学院大学	[第10章]
石本	祐二	立正大学（非常勤）	[資料編（年表）]
海老沢隼悟		立正大学（非常勤）	[資料編（年表）]

（執筆順／＊印は第7巻編者）

まえがき

　学生諸君のなかには，「法と制度」というと難しいもの，堅苦しいもの，といったイメージをもっている人も多いのではないだろうか。その一方で，そうはいっても，いわゆる教員採用試験などにおいては，法と制度の問題がよく出題されるので，しっかり学習しておかなければならない，また，法を暗記しておかなければならない，などといったことを考えている人も少なくないのではなかろうか。実は，本書から学ぶことを通じて，そのような間違ったイメージを脱出していただきたいと考えている。

　教育や学校についての法や制度は，基本的には学校における教師の教育活動や子ども・生徒の学習活動が，教育の論理・法則に即して自由闊達に展開されていくことを保障するようなものでなければならない。

　日本における近代的な教育は，1872（明治5）年の学制（文部省布達13別冊）をもって始まるとされるが，このスタートの基準となるのもこうした法制度に求められるのである。

　第二次世界大戦敗戦に至るまでの戦前日本においては，天皇制絶対主義のもと，天皇の「ことば」として発せられたいわゆる「教育勅語」は，実は法制度とは無縁のものであるが，それゆえに超越的な力を発揮するように取り扱われた。また教育についてのさまざまな法が網の目のように定められ，教育はその法の下に行われるべきものと考えられていた。教育勅語と法による教育支配の状況であったといってもよい。

　戦後に至り日本の教育は，日本国憲法および教育基本法（1947年）のもとに新しい学校制度，6・3・3・4制がスタートしたが，実はこれも学校教育法（1947年）という法律によって創設されたものであった。その他の重要な戦後教育改革は，その多くがこうした法や制度によって展開していた，といってもよいのである。このように法と制度は教育を教育として成り立たせるために今日

必要不可欠のものとして存在しているのである。

　このようなことから，日本における教員養成，すなわち，大学の教職課程において教育に関する「社会的・制度的・経営的事項」についての学習が重要視されてきたのであり，直接的には本書はそうしたことを学習するテキストとして編集されている。さいわいにして，本書の執筆者は，教育の法と制度にかかわる学会において第一線で活躍されている方々であり，その点で本書の内容が最新の研究成果を反映した内容となっている点は喜ばしいことである。

　学生諸君にとって，本巻が法と制度の正しい理解のために役立つならば，編者としては望外の幸せである。

第7巻編者　浪本　勝年

目次

まえがき

序　教師と教育学 ―――――――――――――――――――――― 6

第1章　日本における教育に関する法と制度の概観
　　　　――教師の教育活動をめぐる法制を中心に ――――――― 13

　はじめに　13

　1　日本の教育法制の基本理念・体系　13

　2　教師の教育活動に関する法制――教師の職務権限の独立　18

　3　教師の教育の自由（教育権の独立）の制度的保障　27

　4　公務員の命令遵守義務と教師の職権の独立性について　29

　コラム・最高裁大法廷学テ判決とはなにか　35

第2章　教育基本法の歴史的意義と内容 ―――――――――――― 36

　はじめに　36

　1　教育基本法の制定と歴史的意義　38

　2　教育基本法の内容と特徴　41

　3　教育基本法と戦後教育法制の展開　46

　4　教育基本法の全面的改正と「教育基本法法制」の再編　51

第3章　学校をめぐる法と制度 ――――――――――――――― 56

　はじめに　56

　1　歴　史　56

　2　現行法と現状　58

3　問題点　64
4　新動向　67

第4章　子ども・生徒をめぐる法と制度──71

はじめに　71
1　子ども・生徒をめぐる法的問題──なにが問われてきたか　71
2　学校と子ども・生徒の人権──管理・厳罰教育といじめ・体罰問題を見直す　73
3　子ども・生徒の人権を保障する法と制度──子どもの権利条約法制に学ぶ　82

第5章　教師をめぐる法と制度──88

はじめに　88
1　教員の養成・免許制度　88
2　教員採用制度　93
3　教員の研修制度　95
4　教員の人事管理と評価制度　98

第6章　教育課程をめぐる法と制度──102

1　教育課程行政　102
2　教育課程法制の歴史と問題　105
3　教科書制度　110
4　教科書の問題　114

第7章　社会教育をめぐる法と制度──120

はじめに　120
1　社会教育の権利保障の理念と本質　121
2　社会教育の権利と教育を創る力の保障　125

3　社会教育の法と制度　128
　　　4　社会教育をめぐる現代的課題　131

第8章　教育行政をめぐる法と制度──────────────134

　　　1　教育と教育行政　134
　　　2　「教育の地方自治」原理　138
　　　3　教育委員会とその権限　140
　　　4　文部科学省とその権限　144

第9章　教育財政・教育費をめぐる法と制度──────────148

　　　1　教育財政の基本法制　148
　　　2　財政改革と教育財政の問題　155
　　　3　教育財政法制の現代的課題　161

第10章　教育をめぐる法と制度の国際的動向
　　　　──国際社会と人権としての教育───────────164

　　はじめに　164
　　　1　人権条約における教育規定　164
　　　2　条約の解釈・運用にあたって　167
　　　3　教育への権利についてのとらえ方とその内容　169
　　　4　教育への権利の実現にむけた国の義務　174
　　コラム・なぜ「ロシア五輪」でなく「ソチ五輪」というのか
　　　　　　なぜ「日本五輪」でなく「東京五輪」というのか　179

資料編──────────────────────────181

　　教育基本法（新旧対照表），戦前・戦後教育法年表

索　引───────────────────────────193

序　教師と教育学

1　本シリーズの特徴

　この「教師教育テキストシリーズ」は，教師に必要とされる教職教養・教育学の基本知識を確実に理解することを主眼に，大学の教職課程のテキストとして刊行される。

　編集の基調は，教師教育学（研究）を基礎に，各分野の教育学（教育諸科学）の蓄積・成果を教師教育（養成・採用・研修等）のテキストに生かそうとしたことである。その方針のもとに，各巻の編集責任者が，教育学各分野と教師・教職との関係を論じた論稿を執筆し，また，読者の立場から，全巻を通じて次のような観点を考慮した。

① 教育学テキストとして必要な基本的・体系的知識が修得できる。
② 教育諸科学の研究成果が踏まえられ，その研究関心に応える。
③ 教職の責任・困難・複雑さに応え，専門職性の確立に寄与する。
④ 教職，教育実践にとっての教育学の重要性，有用性が理解できる。
⑤ 事例，トピック，問題など，具体的な実践や事実が述べられる。
⑥ 教育における人間像，人間性・人格の考察を深める。
⑦ 子どもの理解・権利保障，子どもとの関係づくりに役立つ。
⑧ 教職員どうしや保護者・住民などとの連帯・協働・協同が促される。
⑨ 教育実践・研究・改革への意欲，能力が高まる。
⑩ 教育を広い視野（教育と教育条件・制度・政策，地域，社会，国家，世界，人類的課題，歴史，社会や生涯にわたる学習，などとの関係）から考える。

教育学研究の成果を，教師の実践的指導やその力量形成，教職活動全体にど

う生かすかは，教育学界と教育現場の重要な共同の課題であり，本シリーズは，その試みである。企画の性格上，教育諸学会に属する日本教師教育学会会員が多数，執筆しており，将来，医学界で医学教育マニュアル作成や教材開発も手がける日本医学教育学会に類する活動が同学会・会員に期待されよう。

2 教職の専門職制の確立と教育学

　近代以降，学校制度の発達にともない，教師の職業が公的に成立し，専門的資格・免許が必要とされ，公教育の拡大とともに養成期間の長期化・高学歴化がすすみ，近年，「学問の自由」と一体的に教職の「専門職」制の確立が国際的趨勢となっている（1966年，ILO・ユネスコ「教師の地位に関する勧告」6，61項）。その基調のもとに教師の専門性，専門的力量の向上がめざされている。

　すなわち，「教育を受ける権利」（教育への権利）（日本国憲法第26条，国際人権A規約第13条（1966年））の実現，「個人の尊厳」に基づく「人格の完成」（教育基本法前文・第1条，前掲規約第13条），「人格の全面的発達」（前掲勧告3項），「子どもの人格，才能並びに精神的及び身体的な能力をその可能な最大限度まで発達させる」（1989年，子どもの権利条第29条）など，国民全体の奉仕者である教師の重要かつ困難な使命，職責が，教職の専門職制，専門的力量の向上，その学問的基礎の確立を必要としているといえよう。とりわけ，「真理を希求する人間の育成を期する」教育において，真理の探究をめざす「学問の自由」の尊重が根幹とされている（教育基本法前文，第2条）。

　今日，21世紀の「知識基盤社会」の展望のもとで，平和・人権・環境・持続的開発などの人類的課題の解決を担う民主的市民の形成のため，生涯学習の一環として，高等教育の機会均等が重視され（1998年，ユネスコ「21世紀に向けた高等教育世界宣言」），各国で「教育最優先」が強調されている。その趨勢のもとで各国の教育改革では教職・学校・自治体の自治と責任が増大し，教師は，教育改革の鍵となる人（key actor）として，学校外でも地域社会の教育活動の調整者（co-ordinator），地域社会の変革の代行者（agent）などの役割が期待されている（1996年，ユネスコ「教師の地位と役割に関する勧告」宣言，前文）。そのよ

うな現代の教職に「ふさわしい学問的・専門的能力を備えた教師を養成し、最も適格の青年を教職に惹きつけるため、教師の教育者のための知的挑戦プログラムの開発・提供」が勧告されている（同1・3・5項）。その課題として、教員養成カリキュラム・授業の改革、年限延長、大学院進学・修学の促進などを基本とする教師の学問的能力の向上方策が重要になろう。

教職の基礎となる学問の分野は、通常、一般教養、教科の専門教養、教育に関する教職教養に大別され、それらに対応し、大学の教員養成課程では、一般教養科目、専門教育科目、教職科目に区分される。そのうち、教職の専門職制の確立には教職教養、教育学が基礎となるが、各領域について広い学問的知識、学問愛好の精神、真理探究の研究能力、批判的・創造的・共同的思考などの学問的能力が必要とされる。

教育学とは、教育に関する学問、教育諸科学の総称であり、教育の実践や事実の研究、教育的価値・条理・法則の探究などを課題とし、その成果や方法は、教育の実践や事実の考察の土台、手段として有効に生かすことができる。今日、それは総合的な「教育学」のほか、個別の教育学（○○教育学）に専門分化し多彩に発展し、教職教養の学問的ベースは豊富に蓄積されている。教育研究者は、通常、そのいずれかに立脚して研究活動を行い、その成果の発表、討論、共同・学際的研究、情報交換、交流などの促進のため学会・研究会等が組織されている。現場教師もそこに参加しており、今後、いっそうすすむであろう。教職科目では、教育学の成果を基礎に、教職に焦点化し、教師の資質能力の向上や教職活動との関係が主に論じられる。

以下、教職教養の基盤である教育学の分野とそれに対応する学会例（全国規模）を挙げ、本シリーズ各巻名を付記する。教職教養のあり方や教育学の分野区分は、「教師と教育学」の重要テーマであるが、ここでは概観にとどめる。

A. 一般的分野
① 教職の意義・役割＝日本教師教育学会【第2巻・教職論】
② 教育の本質や理念・目標＝日本教育学会、日本教育哲学会【第1巻・教育学概論】

③ 教育の歴史や思想＝教育史学会，日本教育史学会，西洋教育史学会，教育思想史学会【第3巻・教育史】
④ 発達と学習＝日本教育心理学会，日本発達心理学会【第4巻・教育心理学】
⑤ 教育と社会＝日本教育社会学会，日本社会教育学会，日本生涯学習学会，日本公民館学会，日本図書館学会，全日本博物館学会【第5巻・教育社会学，第6巻・社会教育】
⑥ 教育と行財政・法・制度・政策＝日本教育行政学会，日本教育法学会，日本教育制度学会，日本教育政策学会，日本比較教育学会【第7巻・教育の法と制度】
⑦ 教育と経営＝日本教育経営学会【第8巻・学校経営】
⑧ 教育課程＝日本カリキュラム学会【第9巻・教育課程】
⑨ 教育方法・技術＝日本教育方法学会，日本教育技術学会，日本教育実践学会，日本協同教育学会，教育目標・評価学会，日本教育工学会，日本教育情報学会【第10巻・教育の方法・技術】
⑩ 教科教育法＝日本教科教育学会，各教科別教育学会
⑪ 道徳教育＝日本道徳教育学会，日本道徳教育方法学会【第11巻・道徳教育】
⑫ 教科外活動＝日本特別活動学会【第12巻・特別活動】
⑬ 生活指導＝日本生活指導学会【第13巻・生活指導】
⑭ 教育相談＝日本教育相談学会，日本学校教育相談学会，日本学校心理学会【第14巻・教育相談】
⑮ 進路指導＝日本キャリア教育学会（旧進路指導学会），日本キャリアデザイン学会
⑯ 教育実習，教職関連活動＝日本教師教育学会【第15巻・教育実習】

B. 個別的分野（例）
① 国際教育＝日本国際教育学会，日本国際理解教育学会
② 障害児教育＝日本特殊教育学会，日本特別支援教育学会

③ 保育・乳幼児教育＝日本保育学会，日本乳幼児教育学会，日本国際幼児学会
④ 高校教育＝日本高校教育学会
⑤ 高等教育＝日本高等教育学会，大学教育学会
⑥ 健康教育＝日本健康教育学会

　人間は「教育的動物」，「教育が人間をつくる」などといわれるように，教育は，人間の発達，人間社会の基本的いとなみとして，人類の歴史とともに存続してきた。それを理論的考察の対象とする教育学のルーツは，紀元前の教育論に遡ることができるが，学問としての成立を著者・著作にみると，近代科学革命を背景とするコメニウス『大教授学』(1657年) 以降であり，その後のルソー『エミール』(1762年)，ペスタロッチ『ゲルトルート児童教育法』(1801年)，ヘルバルト『一般教育学』(1806年)，デューイ『学校と社会』(1899年)，デュルケーム『教育と社会学』(1922年) などは，とりわけ各国に大きな影響を与えた。

　日本では，明治維新の文明開化，近代的学校制度を定めた「学制」(1872年) を契機に西洋の教育学が移入されたが，戦前，教育と学問の峻別や国家統制のもとでその発展が阻害された。戦後，1945年以降，憲法の「学問の自由」(第23条)，「教育を受ける権利」(第26条) の保障のもとで，教育学の各分野が飛躍的に発展し，教職科目・教養の基盤を形成している。

3　教員免許制度と教育学

　現行教員免許制度は，教育職員免許法 (1949年) に規定され，教員免許状授与の基準は，国が同法に定め，それに基づき大学が教員養成 (カリキュラム編成とそれに基づく授業) を行い，都道府県が免許状を授与する。同法は，「この法律は，教育職員の免許に関する基準を定め，教職員の資質の保持と向上を図ることを目的とする」(第1条) と規定している。

　その立法者意思は，学問の修得を基礎とする教職の専門職制の確立であり，現行制度を貫く基本原理となっている。たとえば，当時の文部省教職員養成課長として同法案の作成に当たった玖村敏雄は，その著書で次のように述べてい

る。

　「専門職としての医師がこの医学を修めなければならないように，教育という仕事のために教育に関係ある学問が十分に発達し，この学問的基礎に立って人間の育成という重要な仕事にたずさわる専門職がなければならない。人命が尊いから医師の職業が専門職になって来た。人間の育成ということもそれに劣らず貴い仕事であるから教員も専門職とならなければならない。」「免許状」制は「専門職制の確立」をめざすものである（『教育職員免許法同法施行法解説』学芸図書，1949年6月）。

　「大学において一般教養，専門教養及び教職教養の一定単位を履修したものでなければ教職員たるの免許状を与えないが，特に教育を専門職たらしめるものは教職教養である。」（「教職論」『教育科学』同学社，1949年8月）。

　現行（2008年改正）の教育職員免許法（第5条別表）は，免許基準として，「大学において修得することを必要とする最低単位数」を定め，その構成は，専門教養に相当する「教科に関する科目」，教職教養に相当する「**教職に関する科目**」及び両者を含む「教科又は教職に関する科目」である。教諭一種免許状（学部4年制）の場合，小学校8，**41**，10，計59単位，中学校20，**31**，8，計59単位，高校20，**23**，16，計59単位である。1単位は45学修時間（講義・演習は15～30時間），1年間の授業期間は35週，学部卒業単位は124単位と定められている（大学設置基準）。

　同法施行規則（第6条付表）は，各科目の修得方法を規定し，「教職に関する科目」の場合，各欄の科目の単位数と「各科目に含めることが必要な事項」が規定されている。教諭一種免許状の場合，次の通りである。

　第2欄「教職の意義等に関する科目」（「必要な事項」：教職の意義及び教員の役割，教員の職務内容，進路選択の機会提供）＝各校種共通2単位

　第3欄「教育の基礎理論に関する科目」（同：教育の理念と歴史・思想，学習と発達，教育の社会的・制度的・経営的事項）＝各校種共通6単位

　第4欄「教育課程及び指導法に関する科目」（同：教育課程，各教科・道徳・特別活動の指導法，教育の方法・技術〔情報機器・教材活用を含む〕）＝小学校22単位，

中学校12単位，高校6単位

　第4欄「生徒指導，教育相談及び進路指導等に関する科目」(同；生徒指導，教育相談，進路指導) ＝各校種共通4単位

　第5欄「教育実習」＝小学校・中学校各5単位，高校3単位

　第6欄「教職実践演習」＝各校種共通2単位

　現行法は，1988年改正以来，各教職科目に相当する教育学の学問分野を規定していないが，欄ごとの「各科目に含めることが必要な事項」に内容が示され，教育学の各分野(教育諸科学)との関連が想定されている。

　1988年改正以前は，それが法令(施行規則)に規定されていた。すなわち，1949年制定時は，必修科目として，教育心理学，児童心理学(又は青年心理学)，教育原理(教育課程，教育方法・指導を含む)，教育実習，それ「以外」の科目として，教育哲学，教育史，教育社会学，教育行政学，教育統計学，図書館学，「その他大学の適宜加える教職に関する専門科目」，1954年改正では，必修科目として，同前科目のほか，教材研究，教科教育法が加わり，それ「以外」に前掲科目に加え，教育関係法規，教育財政学，教育評価，教科心理学，学校教育の指導及び管理，学校保健，学校建築，社会教育，視聴覚教育，職業指導，1959年改正で必修科目として，前掲のほか道徳教育の研究が，それぞれ規定されていた。各時期の教職科目と教育学各分野との法的な関連を確かめることができよう。

　教員養成・免許の基準設定やその内容・程度の法定は，重要な研究テーマである。その視点として，教職の役割との関連，教職の専門職制の志向，教育に関する学問の発展との対応，「大学における教員養成」の責任・目的意識・自主性や「学問の自由」の尊重，条件整備などが重要であり，時代の進展に応じて改善されなければならない。

教師教育テキストシリーズ編集代表
三輪　定宣

第1章 日本における教育に関する法と制度の概観
——教師の教育活動をめぐる法制を中心に

はじめに

　日本における教育に関する法と制度の概観を，教師の教育活動を念頭に置きながら試みることにしよう。

　本章では，教育についての「法」という場合，主として法律などを代表とする文字であらわされた成文法を指すこととするが，教育について考えるときには，不文法もまた重要なものとなる。そして，教育の「制度」という場合，法として成文化されているもののほか，ひろく法規範を含めた社会的なきまりやしくみをさすこととする。

　この章では，「教師の教育活動」に関する教育法制上の規定について，戦後教育法制の体系・基本理念に遡りつつ，考察する。

　まず戦後日本における教育法制の基本理念・体系について，歴史的な考察を加えてみよう。その際，本シリーズの読者である教職課程を履修して学校の教員をめざしている学生諸君を念頭に置きながら，教師の教育活動に関する職務上の専門性・独立性について，教育関係法制およびその解釈の在り方等について考察する。

1　日本の教育法制の基本理念・体系

　戦後日本の教育法制は，日本国憲法（以下「憲法」という。）の公布（1946年11月3日）および施行（1947年5月3日）により，戦前日本の教育法制と決別し，180度大きく変化した。まず，その点を教師の教育活動と教育内容に注目しつつ確認しておこう。

1　戦前教育法制の特徴

戦前教育法制の特徴として，次の二つのことを指摘することができる。

第一は，教育に関する基本的事項は，天皇の命令である勅令によって定められていたこと，すなわち勅令主義（命令主義）が採用されていたことである（大日本帝国憲法第9条）。

第二は，教育は国の事務である，すなわち教育作用そのものが国家の行政作用である，という観念が，法制全体を貫徹していたことである（地方学事通則〈1890年10月3日，法律第89号〉，国家教育権論）。したがって，文部大臣（1885年に森有礼が初代文部大臣に就任）がその指揮命令権を行使して，天皇の意思を学校現場に伝えることができるしくみが法制上確立していたのである。

具体的には，各省官制（1886年2月27日公布，勅令第2号）の「通則」および「文部省官制」，地方官官制（1886年7月12日公布，勅令第54号），および公立学校職員制（1917年1月29日公布，勅令第5号）といった勅令が，その根幹を形成していた。

2　戦前教育内容統制のしくみ

戦前における教育内容統制のしくみは，教育の目的および各教科学科目の目標や内容の大綱が，勅令である小学校令（1886年4月10日公布，勅令第14号）や中学校令（同日公布，勅令第15号）等の各学校令およびその付属省令によって定められていたことにある。また同時に，こうした法令が教科書統制の根拠にもなっていたのである。

近代的な学校制度が出発した明治初年のころ，すなわち1870年代においては教科書は自由発行・自由採択であった。しかし，明治政府は，1880（明治13）年，自由民権運動の高揚に対処するため，教科書の統制に乗り出す。その後，教科書統制はしだいに強化され，検定制度を経て小学校で国定教科書（文部省著作教科書）が使用されるようになったのは，1904（明治37）年のことであった。小学校の場合は，これ以降，教育内容は当然のことながら国定教科書を金科玉条とするものとなる。それを補強したのが国定や検定の教師用書であった。

検定教科書を使っていた中学校や高等女学校等の中等学校では，教授要目（今日の学習指導要領に相当するもの）によって，各教科の内容が規制された。この教授要目については，1902（明治35）年にまず中学校のものが作成（2月6日，訓令第3号）され，続いて高等女学校（1903年2月9日，訓令第2号）や師範学校（1910年5月31日，訓令第13号）のものなどが作られていった。教授要目は，各省官制通則に基づく「訓令」として作成されていた（この訓令権を定めていた各省官制通則は，戦後改革のなかで1947年5月3日，政令第4号により廃止された）。

このような法令に基づく教育内容統制の度合いに着目するならば，戦前を次のような三つの時期に区分できる。

第1期（1872-1890年）：教育の目的・内容について一定の方向づけをしていない時期。

第2期（1890-1930年）：教育勅語に基づく修身（道徳）教育がしだいに強化されてくる時期。

第3期（1930-1945年）：より具体的に国体観念の徹底および天皇に対する忠誠心のかん養等が強化される時期。

また，大日本帝国憲法（1889年2月11日発布，1890年11月29日施行）において，教育に関して直接規定する条項は存在しないが，同憲法発布の翌年1890（明治23）年10月30日に，政府の教育方針を明記したいわゆる「教育ニ関スル勅語」（教育勅語）が渙発された。同勅語には，「我カ臣民克ク忠ニ克ク孝ニ億兆心ヲ一ニシテ世々厥ノ美ヲ濟セルハ此レ我カ國體ノ精華ニシテ教育ノ淵源亦實ニ此ニ存ス」と，国民が，国家に忠誠を尽くし，心を一つにすることが教育の根本である旨説かれている。これは，絶対主義的天皇制国家の下，教育を「国家への忠誠心を持たせることを目的とする国民の義務としての教育」，「国民に対する国家の支配権能としての教育」，すなわち教育を国策遂行の手段の一つととらえるものである。

そして，同勅語は，国家総動員体制の戦時下の学校教育において，軍国主義教育および極端な国家主義教育の実施のために利用されたのである。

このような，戦前，大日本帝国憲法下の教育の基本理念は，一言でいって，

「臣民（国民）の義務」および「国家による支配権能としての教育」ということができるものであった。

3　戦後教育法制の基本原理と指導行政の在り方

これに対し，戦後の教育法制は，「国民一人一人の個性に応じた，自由な人格形成，自己実現のための教育」，「国家権力によって侵されることのない基本的人権としての教育」に，その基本的位置づけを大転換した。そして，戦後の教育法制の基本原理としては，次の三つをあげることができる。

第一は，憲法第26条第1項において「教育を受ける権利」，とりわけ，子どもの学習権が保障されるようになったことである。

第二は，教育における地方自治の原則である。戦前と異なり，第二次世界大戦後，教育というものは国の事務ではなく地方の事務である，と考えるようになった。教育あるいは教育行政における地方自治である。具体的には，中央教育行政機構である文部省の性格が大きく変わることとなった。この教育における地方自治の原則については，最高裁判所大法廷も，1976（昭和51）年5月21日，学力テスト判決（以下，「最高裁大法廷学テ判決」という。詳しくはp.38コラム参照）において「教育の目的及び本質に適合するとの観念に基づくもの」[1]である，と確認している。

第三は，1947年教育基本法（以下，「旧教育基本法」または単に「旧法」という。）の制定にともなう教育の自主性，教師の職務上の独立（教師の教育の自由）である（とくに同法第10条）。

この旧教育基本法は，戦前日本の教育界に君臨した教育勅語を否定したうえで成立したことを忘れてはならない。この点ついて，最高裁大法廷学テ判決は，次のように確認している。

「教基法は，憲法において教育のあり方の基本を定めることに代えて，わが国の教育及び教育制度全体を通じる基本理念と基本原理を宣明することを目的として制定されたものであつて，戦後のわが国の政治，社会，文化の各

方面における諸改革中最も重要な問題の一つとされていた教育の根本的改革を目途として制定された諸立法の中で中心的地位を占める法律であり，このことは，同法の前文の文言及び各規定の内容に徴しても，明らかである。それ故，同法における定めは，形式的には通常の法律規定として，これと矛盾する他の法律規定を無効にする効力をもつものではないけれども，一般に教育関係法令の解釈及び運用については，法律自体に別段の規定がない限り，できるだけ教基法の規定及び同法の趣旨，目的に沿うように考慮が払われなければならないというべきである。」(2)

こうした基本原理のもとで，教育行政が行われることとなる。とくに教育課程行政については，指導行政が重要視されることとなり，指導主事が教育委員会に置かれ，「指導主事は，教員に助言と指導を与える。但し，命令及び監督をしてはならない。」(旧教育委員会法第46条)とされたのであった。

文部省は，「戦後の教育の民主化を推進するにふさわしい中央教育行政機構を設ける必要から，…従来の中央集権的監督行政の色彩を一新して，教育，学術，文化のあらゆる面について指導助言を与え，またこれを助長育成する機関」(3)として再出発することとなった。成立当初の文部省設置法(1949年5月31日公布，法律第146号)では，初等中等教育局の事務として，教育課程等について「専門的，技術的な指導と助言を与える」と規定され，具体的には「手引書，指導書，会報，パンフレットその他の専門的出版物を作成し，及び利用に供すること」とされた(第8条第5号)。そして，この「手引書，指導書」等の作成の一環として学習指導要領(試案)が，文部省の一著作物として発行されたのであった。

教育課程法制としては，たとえば小学校の場合，成立当初の学校教育法(1947年3月31日公布，法律第26号)において「教科に関する事項は，…監督庁が，これを定める。」(第20条)とし「監督庁は，当分の間，これを文部大臣とする。但し，文部大臣は，その権限を他の監督庁に委任することができる。」と規定した(第106条，この条文は1999年法律第87号により削除され，「監督庁」の規定は「文

部大臣」等に改められた。また，2007年，「教科」を「教育課程」とする一部改正がなされている）。

2 教師の教育活動に関する法制——教師の職務権限の独立

このような，戦後教育法制上の基本理念において，学校教員の場合，とくに第三の教育の自主性，教師の職務権限の独立が重要になる。この教師の職務権限の独立を保障するものとして，①教師の教育の自由（憲法第26条第1項，第23条），②教育に対する不当な支配の禁止（教育基本法第16条〈旧法第10条〉）が存在する。さらには，③学習指導要領の作成にあたっても，このような教師の職務権限の独立について配慮をしていることにも留意したい。

1 教師の教育の自由（憲法第26条第1項，第23条）について

憲法において，教育に関して規定する基本的条項としては，第26条がある。同条第1項は，「すべて国民は，法律の定めるところにより，その能力に応じて，ひとしく教育を受ける権利を有する。」と規定し，「教育」というものを，これを受ける者の「権利」として保障する。この「教育を受ける権利」は，直接的には，教育を受ける側である子どもが主体となる権利であるが，その背後には，子どもが，人間的に成長・発達し，自己の人格を完成，実現するために必要な学習をする固有の権利を有している（以下，「学習権」という。憲法第26条，第13条）との観念が存在する。

すなわち，子どもの教育は，子どもが将来一人前の大人となり，共同社会の一員としてそのなかで生活し，自己の人格を完成，実現していく基礎となる能力を身につけるために必要不可欠な営みである。また，子どもの教育は，共同社会の存続と発展のためにも欠くことのできないものである。そのため，自ら学習することのできない子どもは，その学習要求を充足するための教育を自己に施すことを大人一般に対して要求する権利を有している。

また，このような子どもの学習権を充足するためには，子どもの教育が教師と子どもとの間の直接の人格的接触を通じ，その個性に応じて行われなければ

ならないことから、教師には、学問の自由、教育実践の自由を含む教育の自由が憲法上保障されている（憲法第26条、第13条、第23条）。

この点については、先に触れた最高裁大法廷学テ判決が、「子どもの教育が教師と子どもとの間の直接の人格的接触を通じ、その個性に応じて行われなければならないという本質的要請に照らし、教授の具体的内容及び方法につきある程度自由な裁量が認められなければならないという意味においては、一定の範囲における教授の自由が保障される」(4)としていることからも明らかである。

このように、教師の子どもに対する教育活動については、憲法上の人権として、その自由が認められるのである。

このことは、学校教育法の規定からも明らかなことで、同法第37条第11項、第49条、第62条等は、「教諭は、（子どもの）教育をつかさどる。」と規定している。これは、教師に、子どもらに対する教育についての職務権限を付与するものであり、憲法上、教師に教育の自由が認められることの表れである。

2 教育に対する「不当な支配」の禁止（教育基本法第16条第1項〈旧法第10条〉）について

憲法上、教師に、教育の自由が認められることと密接に関連して、教育基本法第16条第1項（旧法第10条）は、「教育は、不当な支配に服することなく、…行われるべきものであ」ること（教育に対する不当な支配の禁止）を規定している。

(1) 教育基本法について——日本国憲法の精神に則った教育の確立

そもそも教育基本法は、「基本法」と称する戦後初めての法律として1947（昭和22）年3月31日、日本国憲法公布直後に公布・施行されたものである。その教育基本法は、前文において次のように規定し、「日本国憲法の精神に則った教育の確立」を謳っている。

「われらは、さきに、日本国憲法を確定し、民主的で文化的な国家を建設して、世界の平和と人類の福祉に貢献しようとする決意を示した。この理想の実現は、根本において教育の力にまつべきものである。

われらは，個人の尊厳を重んじ，真理と平和を希求する人間の育成を期するとともに，普遍的にしてしかも個性ゆたかな文化の創造をめざす教育を普及徹底しなければならない。
　ここに，日本国憲法の精神に則り，教育の目的を明示して，新しい日本の教育の基本を確立するため，この法律を制定する。」

この点，前述の最高裁大法廷学テ判決においても，「憲法の精神に則った教育の確立」が，「戦前のわが国の教育が，国家による強い支配の下で形式的，画一的に流れ，時に軍国主義的又は極端な国家主義的傾向を帯びる面があつたことに対する反省によるもの」と主張し，次のように判示している。

「教基法は，その前文の示すように，憲法の精神にのつとり，民主的で文化的な国家を建設して世界の平和と人類の福祉に貢献するためには，教育が根本的重要性を有するとの認識の下に，個人の尊厳を重んじ，真理と平和を希求する人間の育成を期するとともに，普遍的で，しかも個性豊かな文化の創造をめざす教育が今後におけるわが国の教育の基本理念であるとしている。これは，戦前のわが国の教育が，国家による強い支配の下で形式的，画一的に流れ，時に軍国主義的又は極端な国家主義的傾向を帯びる面があつたことに対する反省によるものであり，右の理念は，これを更に具体化した同法の各規定を解釈するにあたつても，強く念頭に置かれるべきものであることは，いうまでもない。」[5]

教育基本法は，2006（平成18）年12月22日に全部改正されて公布・施行された（改正後も法律の題名は同じ「教育基本法」である）が，その前文において次のように規定し，基本的に改正前の教育基本法の「日本国憲法の精神に則った教育の確立」を承継している。

「我々日本国民は，たゆまぬ努力によって築いてきた民主的で文化的な国家

を更に発展させるとともに、世界の平和と人類の福祉の向上に貢献することを願うものである。

　我々は、この理想を実現するため、個人の尊厳を重んじ、真理と正義を希求し、公共の精神を尊び、豊かな人間性と創造性を備えた人間の育成を期するとともに、伝統を継承し、新しい文化の創造を目指す教育を推進する。

　ここに、我々は、日本国憲法の精神にのっとり、我が国の未来を切り拓く教育の基本を確立し、その振興を図るため、この法律を制定する。」

(2) 教育に対する「不当な支配」について——とくに教育委員会との関係

　そして、このような「日本国憲法の精神にのっとり」「教育の基本を確立」する基本原理として、同法第16条第1項（旧法第10条）は、教育に対する「不当な支配」の禁止を規定する。

　前述のように、憲法上、教師にはその教育専門性ゆえに教育活動について自由が認められるのであり、このような教師の教育専門的な教育活動に対して不当な介入を行うことは、教育基本法第16条第1項の禁じる教育に対する「不当な支配」に該当することになる。

　ここ10年ほどの間、とくに東京都の公立学校では日の丸・君が代（国旗・国歌）をめぐって紛争が生じている。これは、東京都教育委員会という教育行政機関による教育への不当な介入事案であるが、この教育に対する「不当な支配」の禁止原則は、教育行政機関たる教育委員会の行政措置にも適用されるものである。これは、前述のように、教育基本法の「日本国憲法の精神に則った教育の確立」という基本理念が、「戦前のわが国の教育が、国家による強い支配の下で形式的、画一的に流れ、時に軍国主義的又は極端な国家主義的傾向を帯びる面があつたことに対する反省によるもの」とされており、公権力による教育に対する「不当な支配」を防止することをめざすものであることから認められる。

　この点、最高裁大法廷学テ判決も、次のように判示し、教育委員会も不当な支配の主体たりうることを排斥していないのである。

「(教育基本法第10条第1項)が排斥しているのは，教育が国民の信託にこたえて右の意味において自主的に行われることをゆがめるような『不当な支配』であって，そのような支配と認められる限り，その主体のいかんは問うところでないと解しなければならない。それ故，論理的には，教育行政機関が行う行政でも，右にいう『不当な支配』に当たる場合がありうることを否定できず…」「教基法10条1項は，いわゆる法令に基づく教育行政機関の行為にも適用があるものといわなければならない。」[6]

このように見てくれば，教師の子どもへの教育活動に対する教育委員会による不当な介入は，それが教育委員会という教育行政機関によるものであっても，教育基本法第10条第1項(旧法第10条)の教育に対する「不当な支配」に該当するものとして，違法なものとなるのである。つまり，前述した教師の教育の自由を教育基本法が法原則として保障したものであるといえる。

3　学習指導要領と教師の職権の独立性・教育専門的裁量性
(1)　学習指導要領における教師の教育活動への配慮

教師の子どもに対する教育活動における独立性・教育専門的裁量性に関して重要なものとして，学習指導要領の存在がある。周知のとおり学習指導要領というのは，戦前の中等学校教授要目などにかわって，戦後文部省が作成しはじめたもので，元来，小・中および高等学校等の教師が子どもの学習を指導する際の，参考あるいは手引きとなるものである。

この学習指導要領に関しては，現実の学校現場において教師の教育活動を著しく制約するものであるから，1960年代以降この半世紀以上にわたって，いわゆる「教育権の所在」をめぐって論争が展開されてきた。また，その法的な拘束力の有無などが争点となり，教師の教育活動に関する独立性・教育専門的裁量性との関係が問題となっていた。

しかし，その学習指導要領ですら，教師の子どもに対する教育活動における独立性・教育専門的裁量性への配慮を行っている点に注目すべきである。

(2) 学習指導要領の法的拘束力と最高裁大法廷学テ判決

　文部科学省が今日，学習指導要領に法的拘束力があると主張する法的根拠は，学校教育法の「教育課程に関する事項は…文部科学大臣が定める」（第33条，第48条，第52条等）という規定と，その委任立法である学校教育法施行規則（省令）の，各学校の「教育課程については，…教育課程の基準として文部科学大臣が別に公示する…学習指導要領によるものとする」（第52条，第74条，第84条等）という規定によっている。

　しかし，教育法の解釈に当たっては，憲法の精神はもちろんのこと，最高裁大法廷学テ判決のなかで指摘されているように「できるだけ教基法（教育基本法）の規定及び同法の趣旨，目的に沿うように考慮が払われなければならない」[7]し，また，教育の法則や論理（教育条理）を尊重することが大切である。

　学習指導要領の法的拘束力の問題について，最高裁学テ大法廷判決の判示内容は，いかなるものであったか。実は，最高裁大法廷は，学習指導要領の法的性格について判断する際に，正面から「法的拘束力」という言葉を使用することは，慎重に避けているのである。この点に注意する必要がある。

　大法廷判決は，次のように判示している。

① 「国の教育行政機関が法律の授権に基づいて義務教育に属する普通教育の内容及び方法について遵守すべき<u>基準</u>を設定する場合には，教師の創意工夫の尊重等教基法一〇条に関してさきに述べたところのほか，後述する教育に関する地方自治の原則をも考慮し，右教育における機会均等の確保と全国的な一定の水準の維持という目的のために<u>必要かつ合理的と認められる大綱的なそれにとどめられるべきもの</u>と解しなければならない…」。

② 「（本件当時の中学校学習指導要領は）全体としてみた場合，…法的見地からは，上記目的のために<u>必要かつ合理的な基準の設定として是認することができる</u>。」

③ 「本件当時の中学校学習指導要領の内容を通覧するのに，…その中には，ある程度細目にわたり，かつ，詳細に過ぎ，また，必ずしも法的拘束力をもって教師を強制するのに適切でなく，また，はたしてそのように制約し，

ないしは強制する趣旨であるかどうか疑わしいものが幾分含まれているとしても，右指導要領の下における教師による創造的かつ弾力的な教育の余地や，地方ごとの特殊性を反映した個別化の余地が十分に残されており，…また，その内容においても，<u>教師に対し一方的な一定の理論ないし観念を生徒に教え込むことを強制するような点は全く含まれていない</u>のである。」

（下線は引用者，以下同じ）

すなわち，最高裁大法廷学テ判決は，教育課程の基準を設定する場合には「大綱的なそれにとどめられるべきもの」といい（①），本件当時の中学校学習指導要領も「基準の設定として是認」できる（②），というにとどまり，正面から法的拘束力を認めてはいないのである。そればかりか，学習指導要領の数々の問題点をも指摘しているのである（③）。このように，最高裁は，大法廷判決で，子どもの学習権および一定の範囲ながら教師の教育の自由を認める憲法解釈をとっているのである。

(3) 学習指導要領の規定内容と教師の職権の独立性・教育専門的裁量性

これまで考察してきたことからも明らかなように，教師の教育の自由（教師の教育権の独立），教育法制の基本原理・理念，憲法上の教師の教育の自由の保障，教育基本法による「不当な支配」の禁止条項等の存在から，行政機関である文部科学省による告示たる学習指導要領に，全面的な教育「内容」の決定権限が認められるわけではない。最高裁大法廷学テ判決も「教育の機会均等をはかる上からも全国的に一定の水準を確保すべき強い要請」などを指摘しつつも，「大綱的な基準」として認められる限りにおいて，適法性を認めているのである。

このことを前提として，学習指導要領が具体的にはどのように規定しているかを高等学校の場合について確認してみよう。

高等学校学習指導要領（2009年3月9日文部科学省告示第34号，2013年4月1日学年進行により施行）の全体の構成は，次のようになっている。

「第1章　総則」「第2章　各学科に共通する各教科」「第3章　主として専門学科において開設される各教科」「第4章　総合的な学習の時間」「第5章　特別活動」「附則」

この学習指導要領の冒頭の「第1章　総則」の「第1款　教育課程編成の一般方針」においては，次のように記述されている。

「学校の教育活動を進めるに当たっては，各学校において，生徒に生きる力をはぐくむことを目指し，創意工夫を生かした特色ある教育活動を展開する中で，基礎的・基本的な知識及び技能を確実に習得させ，これらを活用して課題を解決するために必要な思考力，判断力，表現力その他の能力をはぐくむとともに，主体的に学習に取り組む態度を養い，個性を生かす教育の充実に努めなければならない。その際，生徒の発達の段階を考慮して，生徒の言語活動を充実するとともに，家庭との連携を図りながら，生徒の学習習慣が確立するよう配慮しなければならない。」

また「第5章　特別活動」「第1　目標」において次のように記述している。

「望ましい集団活動を通して，心身の調和のとれた発達と個性の伸長を図り，集団や社会の一員としてよりよい生活や人間関係を築こうとする自主的，実践的な態度を育てるとともに，人間としての在り方生き方についての自覚を深め，自己を生かす能力を養う。」

同じく「第5章　特別活動」「第3　指導計画の作成と内容の取扱い」においては，次のように記述している。

「1　指導計画の作成に当たっては，次の事項に配慮するものとする。
(1)　特別活動の全体計画や各活動・学校行事の年間指導計画の作成に当たっては，学校の創意工夫を生かすとともに，学校の実態や生徒の発達の段階及び特性等を考慮し，生徒による自主的，実践的な活動が助長されるようにすること。」

このように見てくると、文部科学省自身が告示として示している高等学校学習指導要領においても、「各学校において、生徒に生きる力をはぐくむことを目指し、創意工夫を生かした特色ある教育活動を展開」「個性を生かす教育の充実」「個性の伸長」「生徒の発達の段階及び特性等を考慮」を強調しており、このことは、生徒に日常的に接して、教育・指導を行っている現場教師の教育専門的指導への幅広い裁量に対する当然の配慮を示したものといえるのである。

このように、文部科学省告示である学習指導要領ですら、教師の生徒らに対する教育活動につき、独立性・教育専門的裁量性に配慮しているのである。

4 「教育権の独立」という着眼

この点について、第二次世界大戦終結後に文部省学校教育局長を務めた後、文部大臣や最高裁判所長官・国際司法裁判所判事にも就任することとなる田中耕太郎 (1890-1974) は、その著書『新憲法と文化』(国立書院, 1948年) のなかの「教育と政治」の項で、教育権の独立の必要性について、司法権の独立と対比して、次のように述べていることは、今日改めて注目する必要がある。

　「教育は人間の育成という永遠の課題を追行するものである。…司法権の独立が近代国家の要請であるごとく、教育権の独立（これについては後に詳述する——原文のママ）も一つの政治原則として確認せられなければならない。又正義の実現と秩序の維持を目的とする司法権が政治よりの独立を主張するにとどまるに反して、教育はその積極的使命に鑑みて、単に独立性を主張するにとどまらず、政治に対する優位—教育優先の原則—を主張するのである。」[8]

また同様のことは、教育についての国際世論とも国際常識ともいわれるILO・ユネスコ共同の「教員の地位に関する勧告」(1966年) が次のように述べていることからも、教師の教育専門性に基づく教育の自由と独立性は国際的にも広く承認されていることを示している。

すなわちこの勧告は、前文で「教育の進歩における教員の基本的な役割、な

らびに人間の開発および現代社会の発展への彼らの貢献の重要性を認識し，教員がこの役割にふさわしい地位を享受することを保障することに関心をもち」と述べ，「教育の仕事は専門職とみなされるべきである。この職業は厳しい，継続的な研究を経て獲得され，維持される専門的知識および特別な技術を教員に要求する公共的業務の一種である」(第6項)とするとともに，「教育職は専門職としての職務の遂行にあたって学問上の自由を享受すべきである。教員は生徒に最も適した教材および方法を判断するための格別の資格を認められたものであるから，承認された教育課程基準の範囲で，教育当局の援助をうけて教材の選択と採用，教科書の選択，教育方法の採用などについて不可欠の役割を与えられるべきである。」(第61項)と主張している。

以上のように考察してくると，教師には，その教育活動について，憲法を含む教育法制上はもとより，国際教育法の条理からも，教師の教育の自由（教育権の独立）が認められるのである。

③ 教師の教育の自由（教育権の独立）の制度的保障

これまでみてきた教師の教育の自由（教育権の独立）の保障は，次に述べる教師に関する現行教育法制度の存在からも明らかであるといえる。

1 教育職員免許法の意義──教師の教育専門性の保障

学校の教員は，教育職員免許法（1949年5月31日，法律第147号）に基づく免許状を有する者のなかから，教育委員会の「選考」（教育公務員特例法第11条）により採用され，学校において日々，子どもの教育に携わっており，その人間的成長・発達をめざす教育専門的な職務に従事している。

教育の専門性を高めるために教育公務員は，「その職責を遂行するために，絶えず研究と修養に努めなければならない。」（同法第21条）と日常不断の研修が求められている。

一般の公務員の場合は，自ら自主的に研修することは法的には求められておらず，もっぱら任命権者等による他律的な「勤務能率の発揮及び増進」を目的

とする行政研修を受けることになっている。

これに対し，教育公務員の場合，「絶えず」自主的な研修が求められている。教育公務員のなかでも教員はその職責遂行上，絶えず高い教育専門性・自主性・創造性が要求されているからに他ならない。

2　教育基本法上の教員の身分の尊重

教育基本法第9条第2項（旧法は，第6条第2項がこれに相当する。）は，教員は，「その使命と職責の重要性にかんがみ，その身分は尊重され，待遇の適正が期せられる」旨規定している。このことは，子どもの教育に携わる教員について，教育基本法がとくに「身分の尊重」と「適正待遇」を定めたものである。また同条項において「その使命と職責の重要性にかんがみ」と規定していることからすれば，これは上記のように，教師の子どもに対する教育活動が，憲法上の基本的人権としてその自由が認められること，および，これに対する教育行政機関による介入が制約されることへ配慮したものである。

以上のように，子どもに対する教育活動を行う教師は，教育基本法上，その自由かつ独立した本来の職責遂行のために，その身分が尊重され，適正な待遇が求められるのである。

3　教育公務員特例法の存在意義

公務員のなかでも，教育公務員に関しては，国家公務員であれ，地方公務員であれ，一般公務員に適用される法律（国家公務員法および地方公務員法）とは異なり，教育関係者については「特別法」として教育公務員特例法（1949年法律第1号，以下，「教特法」という。）が規定されている。

教特法は，公務員たる教員その他専門的な教育職員に関し，「教育を通じて国民全体に奉仕する教育公務員の職務とその責任の特殊性」（第1条）を考慮して，一般公務員と異なる規定を設けている。そして，そこにいう「教育を通じて国民全体に奉仕する教育公務員の職務とその責任の特殊性」とは，上述した教員の子どもに対する教育活動という職務が，憲法上の基本的人権としてその自由

が認められること，および，これに対する教育行政機関による介入が制約されることを含むものと考えられる。

そして，教特法は，憲法第23条によって，学問の自由が保障されている大学の教員と，それ以外の学校（初等中等教育機関である小，中，高等学校など）の教員とを区別することなく，「教育公務員」として定義する（同法第2条第1項および同条第2項）とともに，人事については，大学の場合，基本的には大学の自主的運営に任せることにし，また，大学以外の学校の教員については，競争試験により採用される一般行政公務員とは異なり，「選考」（同法第11条）によることとされているのである。

4　教師の職務と責任の特殊性

以上の考察から明らかなように，現行の教育法制度は，教師の処遇について，その身分などをとくに手厚く保障する規定を設けているが，これは前述のように教師の職務と責任の特殊性からして，教師の教育の自由が憲法上の基本的人権として認められること，および，これに対する教育行政機関による介入が制約されることを意味しているものである。

4　公務員の命令遵守義務と教師の職権の独立性について

如上のように，現行教育法制上，教師は子どもらに対する教育活動について，教師の教育の自由および教育専門性からの独立性が認められ，いわばこの反射的な効力として，行政機関は，教育的・合理的理由もなく教師の教育活動の内容に介入することは認められない。

この点，この教師の職権の独立性に関しては，教育委員会の権限，または，教師が公務員である場合，その上司からの命令遵守義務との関係が問題となる。

一例をあげてみよう。東京都教育委員会が，2003（平成15）年10月23日に発出した通達「入学式，卒業式等における国旗掲揚及び国歌斉唱の実施について」（いわゆる「10.23通達」）に基づく校長による「職務命令」に反したとして多くの教員が処分を受けたことが問題となり，この処分の取消しを求める多くの

訴訟が展開してきている。これをどう考えるべきであろうか。

1 教育委員会の権限と教師の職権の独立性

教育委員会は，地方自治法（1947年4月17日，法律67号）第180条の5および8，並びに地方教育行政の組織及び運営に関する法律（1956年6月30日法律162号，「地方教育行政法」または「地教行法」という。以下，本章では「地教行法」とする。）に基づいて，地方公共団体に設置される行政委員会で，「学校その他の教育機関を管理し，学校の組織編制，教育課程，教科書その他の教材の取扱及び教育職員の身分取扱に関する事務を行い，並びに社会教育その他教育，学術及び文化に関する事務を管理し及びこれを執行する」機関である（地方自治法第180条の8）。

この教育委員会の権限については，地教行法第23条が，「教育委員会は，当該地方公共団体が処理する教育に関する事務で，次に掲げるものを管理し，及び執行する。」とし，第1号から第19号まで詳細に規定しているが，教師の教育活動との関係がとくに問題になる条項としては，「学校の組織編制，教育課程，学習指導，生徒指導及び職業指導に関すること。」と規定する第5号が挙げられる。では，この条項からすれば，教育委員会は，教師の教育活動に幅広く具体的に介入することが認められるのであろうか。

答えは，否である。そもそも，地教行法第23条の柱書きは，その文言上，「教育委員会は，当該地方公共団体が処理する教育に関する事務で，次に掲げるものを管理し，及び執行する」としており，あくまでも「事務」についてのみ，教育行政機関である教育委員会に権限を与えているに過ぎないのである。決して同条が，教育委員会に，教育内容の決定自体について具体的に介入する権限を認めているわけではない。なお，地方自治法でも上記の第180条の8のように，教育委員会について規定していることからも明らかである。

教育については，教育専門性を有する教師が子どもを指導する際の教育内容の問題と，教育行政機関である教育委員会が教育のために行うための環境整備の問題は，厳格に分けて考えられるべきであり，上記条項が，教育委員会につ

いて、その権限を「事務」に関するものについて規定するのは、地方教育委員会は、原則として後者の教育環境の整備について権限を有することを意味するものであると考えるべきである。

むしろ、地教行法第25条は、教育委員会の上記第23条の権限について、「法令、条例、地方公共団体の規則並びに地方公共団体の機関の定める規則及び規程に基づかなければならない」と法律による規制を受けることを規定しており、さらに、地教行法第14条第1項は、教育委員会がその権限に属する事務に関し規則を定めるに際しても「法令又は条例に違反しない限りにおいて」という留保がつけられている。このように、地教行法上の教育委員会の権限は、「法令」によって規制を受けている存在なのである。

そして、すでに述べた教育基本法の本来有する準憲法的性格からするならば、むしろ地教行法上の教育委員会の権限は、教育基本法第16条によって規制されるのである。したがって、地教行法上の規定の存在をもってして、教育委員会が、広くかつ具体的に教育活動に対し介入することが認められることはない。

そのことを、文部省幹部の著した書物から紹介しよう。

すなわち、今村武俊（当時、文部省社会教育局審議官）・別府哲（当時、文部省初等中等教育局地方課長）共著『学校教育法解説（初等中等教育編）』（1968年、第一法規）は、次のように主張している。

「第一は、校長は、たんなる行政機構の下部機関として上司の事務を補助執行しているものではなく、補助機関とはいえ『教育機関』の長としての地位を有することから、およそ被教育者を対象とする教育本来の事務については校長に大巾な裁量権が与えられており、『学校管理機関』はこれに一般的、大綱的指示をなしうるにすぎないと解するのが、法全体の構造から正しい理解ではないかということである。第二は、児童・生徒等の懲戒処分の決定、学校の全課程終了の認定、入退学等の許可、特別な児童等の出席停止、修学に差し支えない旨の証明、いずれをとってみても、教育者としての専門的な個々の判断を必要とする行為であり、前述の確認行為またはこれに準ずべき

行為と理解してさしつかえないと思われるということである。
　このような見地に立つならば，およそ被教育者を対象とする教育本来の仕事については，学校管理機関の校長に対する指揮監督は細部に及びえないと解するのが，法全体の正当な理解であろう（注11）。

　　（注11）　この点に関し，地方教育行政の組織及び運営に関する法律第二十三条の解釈の態度が問題となる。同条は，公立学校については『学校管理機関』たる教育委員会の職務権限事項を列挙したにすぎず，職務権限の行使のしかた，あるいはその限度を定めたものではない。その証拠には，同条各号は，すべて『〇〇に関すること』という表現になっている。それらの事項について，教育委員会がいかなる程度の管理権を有しているかは，教育法令その他の法令の規定に照らし，また，学校管理機関と教育機関との基本的なあり方に照らして慎重に判断されなければならない。同条中に『教科書その他の教材の取扱に関すること。』という規定があるというだけで，教育委員会が教材の取扱いに関するいっさいの権限を有すると解するがごときは，お粗末な解釈というべきである。教育委員会は，決して『教育機関』にはなりえないのであるから，つねに学校管理機関の立場においてという条件がかかっていることを忘れてはならない。」(9)

　これは，教育委員会に認められる権限の範囲や，都教委による教育介入の問題点について考える際に，きわめて注目すべき見解であるといえよう。
　以上のように，地教行法が規定する教育委員会の権限から，教師の教育の自由，教師の職務上の独立性を侵害することは認められない。

2　地方公務員法の職務命令遵守義務と教師の教育の自由

　地方公務員法が規定する職務命令遵守義務と教師の教育の自由，職権の独立性・教育専門的裁量性との関係はどうであろうか。すなわち，地方公務員法は「職員は，その職務を遂行するに当つて，…上司の職務上の命令に忠実に従わなければならない。」（第32条）と，規定するが，この規定と教師の教育の自由

などとの関係が問題となるのである。

　公立学校の教員が公務員である以上，教育活動（教育内容）についても，上司たる校長の職務命令に忠実に従わなければならない，と考えるなら，教師の教育の自由は建前だけの有名無実なものにならざるをえない。

　この点，教員の本務は，学校教育法で小学校の「教諭は，児童の教育をつかさどる」（第37条第11項）と規定するように子どもに対する「教育」活動である（中学校および高等学校の教師の場合，同法第49条および第62条により準用）。

　そして，この教師による子どもへの教育という職務に関しては，現行教育法制度上，下記のように，きわめて特徴的な取扱いがなされているのである。

　それは，まず，教師による教育に関しては，最高裁大法廷学テ判決が「教授の具体的内容及び方法につきある程度自由な裁量が認められなければならないという意味においては，一定の範囲における教授の自由が保障される」と，憲法上の基本的人権として，「教育の自由」が認められるということである[10]。

　さらに，この教師の教育の自由との関連で，教育基本法第16条（旧法第10条）は，教育に対する「不当な支配」を禁止しており，これにより教育行政機関が，教師の子どもへの教育活動に対して介入することを制約しているのである。

　つまり，教師の本務である子どもらに対する教育活動という職務については，①「憲法上の基本的人権」として，その自由が認められ，かつ，②これに対する行政機関による介入が，「法律上明文の規定」により制約されているのである。

　このことからすれば，そもそも教師の子どもに対する教育活動という職務に対しては，自由・独立性・教育専門的裁量性が認められるのであり，「機械的な上意下達の指揮命令系統」を適用することはできない性質を有するものである。この点，前述した教師に関する各制度，すなわち教育職員免許法の制定，教育基本法上の教員の身分の尊重，教育公務員特例法の存在意義なども，教育に携わる公務員教師の特殊性を導くものである。他の一般的な公務員のような上意下達の職務命令系統が一律に適用されないのであり，ここにこそ教育の特殊性があるのである。教育委員会の権限も，公務員の命令遵守義務も，教師の教育の自由を侵さない範囲で認められるにすぎない。　　　　　【浪本　勝年】

注
（1）『判例時報』1976年7月11日号，814号，46頁。なお，最高裁判所のホームページの「裁判例情報」からも検索可能である。
（2）同上，42頁。
（3）柏原義則政府委員の「文部省設置法案の提案理由」，浪本勝年他編『ハンディ教育六法（2013年版）』北樹出版，2013年，325頁。
（4）前掲『判例時報』41頁。
（5）同上，42頁。
（6）同上，43頁。
（7）同上，42頁。
（8）田中耕太郎『新憲法と文化』国立書院，1948年，58頁。
（9）今村武俊・別府哲『学校教育法解説（初等中等教育編）』第一法規，1968年，163-164頁
（10）前掲『判例時報』41頁。

考えてみよう
1．学問・教育・文化の在り方と多数決原理のもとに制定される法（法律など）の関係はどうあるべきか。
2．戦前の日本と戦後の日本では，教育をめぐる法制の基本的な考え方が大きく変化したが，その理由について考えてみよう。
3．1950年代後半以降の日本において教育についての訴訟（裁判）が多発するようになったが，その理由を考えてみよう。

参考文献
辻田力・田中二郎監修　文部省教育法令研究会『教育基本法の解説』国立書院，1947年
兼子仁『教育法（新版）』有斐閣，1978年
浪本勝年『教育裁判証言・意見書集』北樹出版，2006年
浪本勝年・三上昭彦編『「改正」教育基本法を考える―逐条解説―［改訂版］』北樹出版，2008年
最高裁判所大法廷学力テスト裁判判決文（1976年5月21日，北海道学テ事件判決）
東京地方裁判所家永教科書訴訟判決（1970年7月17日，いわゆる"杉本判決"）

コラム・最高裁大法廷学テ判決とはなにか

　最高裁「大法廷」学テ判決というのは，文部省の行った全国一斉学力テスト（1961年10月26日）の際，北海道旭川市立永山中学校で発生した事件について，最高裁判所大法廷が1976年5月21日に言い渡した判決のことをさす。このため，事件発生場所のことを考慮して，この判決について，北海道学テ裁判判決，旭川学テ事件判決，あるいは単に永山中学テ事件判決，などという場合もある。

　実は，最高裁大法廷は同日，岩手県内で発生した岩手学テ事件の判決も同時に言い渡したのである。この岩手学テ事件の場合は，最高裁大法廷は主として地方公務員法違反などについて判断したのに対し，北海道学テ事件の場合は，教育論をもとに憲法・教育基本法等の解釈を積極的に展開し，価値ある判決となっている。したがって，教育界で最高裁「大法廷」学テ判決，あるいは単に最高裁学テ判決という場合には，この北海道学テ事件「大法廷」判決をさしている点に留意しなければならない。

　最高裁判所は15人の裁判官で構成されており，この15人全員で審理にあたって判決を言い渡すのが「大法廷」判決である。大法廷判決は，従前と異なる新たな憲法判断を行う場合などに言い渡されるもので，通常，最高裁判決と呼ばれているものは，15人の裁判官が5人ずつ3組に分かれて審理して判決を言い渡す小法廷判決をさしている。すなわち第一小法廷判決，第二小法廷判決および第三小法廷判決などと呼ばれているものである。

　このような次第であるので，最高裁大法廷学テ判決は，40年近くも前のもので，「古い」などと思う人がいるかもしれないが，憲法の教育条項について本格的な判断を行った最高裁「大法廷」判決は，唯一この北海道学テ事件判決だけである。したがって，今日においても依然として教育判例において，いわば富士山のような役割を果たしているのである。すなわち，教育にかかわる裁判所の判断は，すべてこの最高裁大法廷学テ判決の枠内で行われているといってもよいのである。その意味で，今日においてもこの「大法廷」判決の影響力は計りしれないものがある。

〔浪本　勝年〕

第2章　教育基本法の歴史的意義と内容

はじめに

この章では，教育基本法の歴史的意義と内容，およびその歴史的変遷といくつかの論点について検討する。

教育基本法（1947年3月31日法律第25号）は，日本国憲法（以下，「憲法」という）の精神に則った「教育の根本法」として制定されたものである。それは，敗戦に続く連合国軍の占領とおびただしい戦禍のもとで混迷を深めていた日本の教育界に，新たな教育の理念と原則を明らかにし，戦後教育のめざすべき基本方向を明示したものであった。制定当時には「教育憲章」「教育憲法」などとも呼ばれ，「今後のわが国の教育は，この精神に則つて行われるべきものであり，又，教育法令もすべてこれに基いて制定せられなければならない」（文部省訓令第4号，「教育基本法制定の要旨」1947年5月3日）とされたのである。

憲法と教育基本法に基づいて，学校教育法，教育委員会法，教育公務員特例法，文部省設置法，教育職員免許法，社会教育法，私立学校法など一連の重要な教育法がつぎつぎに制定され，戦後教育の「法と制度」の体系が形成された。それは「憲法・教育基本法法制」あるいは「教育基本法法制」などと呼ばれてきたものである。私たちになじみの6・3・3・4制，男女共学制，社会科，学習指導要領，教育委員会などのことばや制度は，いずれもこの「憲法・教育基本法法制」に基づいて，日本の教育史上はじめて導入・実施されたものである。

しかし，このような教育基本法に対する政府・文部省の高い評価や位置づけは，1952（昭和27）年4月に日本が「独立」した前後から急速に転換していく。とりわけ1955年11月の「保守合同」によって自由民主党が結成されてからは，

教育基本法は憲法とともに,「守り生かすべきもの」ではなく,「国情に合わない改正されるべき対象」とされ,その「改正」問題が歴代自民党政権の政策目標とされていくのである。

もっとも,憲法や教育基本法それ自体の「明文改正」(法文そのものの改正)は,国民世論の強い批判にあって実施できなかったことから,憲法第9条(戦争放棄)や教育基本法第10条(教育行政の任務と限界)の政府・文部省当局の解釈に典型的に見られるように,当初の解釈を大きく変更する「解釈改憲」「解釈改正」が行われていく。また,学校教育法などの既存の教育法令の改正や新たな教育法令の制定などによる「実質改正」が押し進められていったのである。こうして1950年代半ば以降の「憲法・教育基本法法制」は,その内部に矛盾する法令を含む複雑な性格をもつものとなり,その後半世紀,その解釈や運用をめぐってさまざまな「教育紛争」「教育裁判」が多発するとともに,教育基本法が禁じていた教育行政による教育統制が強化され,教育の自主性・自律性は弱められていくのである。

制定後60年間,「明文改正」はされずにきた教育基本法は,2006(平成18)年12月,国民世論が二分するなかで,第一次安倍晋三政権によって全面的に「改正」される。「改正」教育基本法「前文」には,「日本国憲法の精神にのっとり,我が国の未来を切り拓く教育の基本を確立し,その振興を図るため,この法律を制定する。」と謳われている。この新しい教育基本法の精神と内容が,「日本国憲法の精神にのっと」っているのかどうかについては,制定過程のなかで多くの疑問や批判が出されている。2012年12月,民主党政権の後を受けて政権の座に復帰した第二次安倍政権は,第一次政権に続いて「教育再生」を重要課題に掲げ,「改正」教育基本法に基づく教育改革を精力的に進めている。それは第一次政権時に公言した憲法改正へと連なるものであるともいえよう。

こうした教育基本法の「戦後史」と「現在」をふまえて,本章では,教育基本法の制定と歴史的意義(第1節),教育基本法の内容と特徴(第2節),教育基本法法制の展開(第3節),教育基本法の全面改正と「教育基本法法制」の再編(第4節)について検討していきたい。

1 教育基本法の制定と歴史的意義

1 日本国憲法の制定と戦後教育改革

　戦後日本の改革およびその重要不可欠な一環としての教育改革は，ポツダム宣言の受諾による連合国への「無条件」降伏と，それに続く連合国軍（実質的にはアメリカ軍）の占領と間接統治という未曾有の事態の下で実施された。すでに東西冷戦が始まっていた複雑な国際政治状況を背景にして，マッカーサーを最高司令官とする連合国軍最高司令官総司令部（GHQ）による日本政府に対する強力な指示と指導の下で，ドラスティックな形で実施された。大日本帝国憲法（以下，「明治憲法」「旧憲法」ともいう）と教育勅語を支柱とした天皇制教学体制に代って，日本国憲法（1946年11月3日公布，半年後の1947年5月3日施行，以下，単に「憲法」あるいは「新憲法」ともいう）と教育基本法（1947年3月31日公布・施行）を支柱とするいわゆる「憲法・教育基本法法制」が成立した。

　日本国憲法案の作成の出発はGHQ草案に依拠しており，旧憲法の改正という形式と手続きがとられたものであったが，その基本原理と内容は旧憲法とまったく異質なものであり，立憲主義を基調とする国際的な近代憲法の原理と内容に照らしても遜色のない画期的なものであった。憲法は，国民主権・恒久平和主義・基本的人権の尊重の三つ（ないしは議会制民主主義・地方自治を加えた五つ）を基本原則としたものである。以下，その要点を確認しておこう。

　まず，天皇主権は国民主権へと根本的に転換し，世襲の象徴天皇制は残されたものの，天皇の地位は「主権の存する日本国民の総意に基く」（第1条）ものとされ，旧憲法における膨大な天皇大権は，「内閣の助言と承認」のもとに憲法が定めるごく一部の国事行為に限定された。特筆されるべき恒久平和主義原理としては，国際的にもほとんど前例のない「戦争放棄」（第2章第9条）を規定し，自衛の戦争を含む「一切の戦争と武力行使の永久放棄」および「戦力の不保持」を明記した。また，基本的人権は「侵すことのできない永久の権利として，現在及び将来の国民に与へられる」（第11条）として，法律等によってそれを制約することはできないことを明記したのである。旧憲法にもわずかなが

ら「臣民の権利」条項が規定はされていたが、それらはいずれも「法律ノ範囲内ニ於テ」などの留保を前提としたものであり、出版法、治安警察法、治安維持法などの一連の法令によって実質的には限りなく制約され、とくに天皇制国家や時の国策に批判的な言動や組織・団体は容赦なく抑圧されたことは周知のとおりである。

　また、国民主権・民主主義を実質化するうえで不可欠なすべての国民男女の参政権が保障され、国および地方においてその代表を公正な選挙制度によって選出する代議制民主主義が確立された。さらに、旧憲法にはなかった「地方自治」（第8章第92～95条）が設けられ、地方公共団体（自治体）の首長・議員等の公選制、条例制定権などの「地方自治の基本原則」が明記されたのである。

　基本的人権のカタログの一環として、「教育を受ける権利」（第26条）が憲法上に明記されたことはとりわけ重要である。「教育を受ける」ことは、「国家に対する義務」から「国民の権利」へと根本的に転換したのである。それは、「個人の尊重と生命、自由及び幸福追求の権利」（第13条）、「法の下の平等と差別の禁止」（第14条）、「思想及び良心の自由」（第19条）、「国及びその機関による宗教教育・宗教活動の禁止」（第20条）、「表現の自由と検閲の禁止」（第21条）、「学問の自由」（第23条）、「個人の尊厳と両性の本質的平等」（第24条）、「生存権」（第25条）などの諸人権規定とあいまって、戦後の公教育制度の新たな原理・原則を示すものとして重要である[1]。

2　憲法と教育基本法——「教育憲法」としての教育基本法

　この章の「はじめに」でふれたように、教育基本法は、戦後日本の教育の再出発に向けて、「日本国憲法の精神に則り、教育の目的を明示して、新しい日本の教育の基本を確立するため（同法の前文）」に制定されたものである。また、前文の冒頭には、「われらは、さきに、日本国憲法を確定し、民主的で文化的な国家を建設して、世界の平和と人類の福祉に貢献しようとする決意を示した。この理想の実現は、根本において教育の力にまつべきものである」と謳われていることからもわかるように、教育基本法は憲法と密接不可分のものとして制

定されたものである。これは憲法の制定過程を見ても明らかである。

　憲法原案を審議した憲法改正議会（第90回帝国議会）での審議過程では，政府原案のなかには「教育に関する根本方針」についての明確な規定がないことが問題であると指摘され，教育に関する一つの章を設けて新しい憲法の理念に基づいた教育の理念と原則を明記すべきではないか，といった意見が出された。これに対して田中耕太郎文相は，諸外国の憲法にはそうした例が見当たらないこともあり，文部省としては「教育根本法」を別途法律として制定する構想をもっており，その立案準備に着手していると答弁している（同衆議院帝国憲法改正案委員会議事録，1946年7月3日）。このように教育基本法の立案を発意し，その制定を強く推進したのは田中耕太郎であったといえるが，それは憲法に規定することに代えて制定されたこともまた明らかである。教育基本法は「準憲法的法律」あるいは「教育憲法」といわれた理由はそこにある[2]。

　戦前においては，教育は「国の事務」とされ，教育の主要事項を決定する権限は「天皇大権」に属するものとされたことにより，帝国議会の法律で決定することは原則的にできなかった。もっぱら勅令（天皇の命令）と文部省令などの命令で決められていた（教育立法の勅令・命令主義）。日本国憲法はこれを改め，教育は国民の権利であることを明記（第26条）するとともに，教育の理念と原則を憲法に準ずる特別の性格をもった法律の形式で確定したのである。

3　教育基本法と教育目的の「法定化」——教育勅語との"訣別"

　教育基本法のもう一つの重要な意義と特徴は，戦前の教育理念の中心におかれていた「教育ニ関スル勅語」（教育勅語）に代わるものとして，それとの訣別の意味をこめて制定されたということである。1889（明治22）年2月に発布された大日本帝国憲法（明治憲法）をふまえて，翌1890年10月に渙発された教育勅語は，天皇制国家の教育の基本理念を示す文書として「臣民」に下賜されたものである。そこでは，日本の教育の基本は皇室を中心とした独特の「国体」にその「淵源」があるとされ，「臣民」が守るべき最も重要な徳目は，「一旦緩急アレハ義勇公ニ奉シ」（いざという時には天皇と国家のために命を捧げること）と

されていた。わずか315字の小文である教育勅語は、勅令以下のすべての教育関係法令を超えた畏れ多い"天皇陛下の御言葉"として、その後の教育界を支配した。それは学校での修身教育や学校儀式などをとおして子どもたちの脳髄とこころに奥深く注入され、ひいては日本人の精神形成にとっても絶大な威力を発揮したのである。

　半世紀余にわたって戦前の教育理念の頂点に"君臨"し、教育界と国民の精神を支配した教育勅語の"呪縛"は、敗戦後もしばらくは容易には解かれなかった。国民主権を原理とする新憲法の審議が進むなかで、教育勅語に代わる、新憲法の精神にそった新しい教育理念を、主権者である国民の総意を反映した教育基本法として、法律の形をもって明らかにする方向がようやく確定する。教育基本法の骨子は、内閣総理大臣の下に設置された教育刷新委員会(以下、「教刷委」)の第一特別委員会を中心として論議され、文部省のなかで練り上げられた。GHQ草案を出発点とした新憲法の制定過程とは異なり、その発議も名称や内容も含めて基本的には"純日本製"であったといえる(「男女共学」や「教育行政」の条項に関して、GHQの一定の指示・指導があったことは明らかにされている)。

　しかし、教刷委や帝国議会における審議過程でも、教育基本法が制定された後においてすら、「教育勅語の内容は間違ってはいない」「教育基本法と教育勅語とは矛盾しない」といった見解が政府関係者などからしばしば表明されたことも事実である。そこで1948(昭和23)年6月19日、衆参両議院は、「教育勅語等排除に関する決議」(衆議院)、「教育勅語等の失効確認に関する決議」(参議院)を採択し、憲法と教育基本法の制定によって教育勅語が廃止されたことを確認し、あらためて教育勅語との"訣別"を宣言したのである。

2　教育基本法の内容と特徴

1　教育基本法の構造

　教育基本法は、前文と11ヵ条の本則からなる簡潔な法律である。さきにもふれたように、二つの重要な性格をもっている。一つは、教育勅語に代る「教育宣言」ともいうべき性格であり、新憲法の精神に則って新たな教育理念(教

育の目的・方針）をうたった前文と第1条（教育の目的），第2条（教育の方針）がそれにあたる。二つは，憲法の趣旨と関連条項をふまえて新しい教育の原則を明らかにした「教育憲法」ともいうべき性格であり，第3条以下がそれにあたる。

まず前文で，憲法の理想の実現は，「根本において教育の力にまつ」としている。そのような力を発揮する教育とはどのようなものか。それは，「個人の尊厳を重んじ，真理と平和を希求する人間の育成」とともに，「普遍的にしてしかも個性ゆたかな文化の創造をめざす」教育である。キーワード「個人の尊厳」「真理と平和」「人間の育成」などの普遍的事項は，戦前の軍国主義的，国家主義的，非人間的な教育への反省と批判をふまえて，作成過程の論議のなかで慎重に選び抜かれた文言である。教育基本法は日本民族の伝統や文化を無視したものであるという批判が改正論者からよく出されたが，それは事実に反する。制定過程の論議においては，新たな教育や文化の創造にはそれまでの伝統や文化をふまえることは，当然のこととして自覚されていた。しかし，それが将来ふたたび復古的，独善的なものの復活につながらないように配慮して，「普遍的にしてしかも個性ゆたかな文化」と規定されたのである。ちなみに教育基本法と同時に制定された当時の学校教育法には，小学校の教育目標の一つに，「郷土及び国家の現状と伝統について，正しい理解に導き」（第18条第2号）と明記された（現行新法第21条第3号）。

2　教育基本法の三つの核心部分

(1) 教育目的の中核に位置づけられた「人格の完成」

前文を受けた「教育の目的」（第1条）では，その根本に「人格の完成」をおき，それを基底にして「平和的な国家及び社会の形成者」，「自主的精神に充ちた心身ともに健康な国民の育成」をあげている。「人格の完成」とは，「個人の価値と尊厳との認識に基づき，人間の具えるあらゆる能力を，できるかぎり，しかも調和的に発展せしめること」と明快に説明されていた（前掲，文部省訓令第4号）。教育が目指す第一の目的は，国家や経済発展のための人材養成などにあるのではなく，「個人の価値と尊厳」をふまえた「人格の完成」であるとしたことは

きわめて重要である。そのうえで、教育は平和的な国家および社会の「形成者」（たんなる構成員ではないことに留意）として、「自主的精神に充ちた国民」の育成をめざすとしたのである。ここに教育基本法の教育理念のエッセンスが示されている。戦前の教育が「国家に有用な国民の錬成」を目的とし、「個人の価値と尊厳」や「人格の完成」という普遍的価値をまったく省みなかったことからみれば、これは教育の理念・目的の歴史的、原理的な転換を意味するものである。

　ついで教育基本法は、この教育の目的は、学校教育（第6条）や社会教育（第7条）をはじめ、「あらゆる機会に、あらゆる場所」において実現されなければならず、その際には、「学問の自由」を尊重し、「自発的精神」を養うことなどに留意すべきであるとしている（第2条）。ところで教育基本法の制定からしばらくして、第2回国連総会で採択された歴史的な世界人権宣言（1948年12月採択）が、「教育への権利」（第26条第1項）とともに教育目的の冒頭に「人格の完全な発展」（同第2項）を掲げたことは、大いに注目し吟味すべき事がらである。

(2)　教育の機会均等の原則の明示──「ひとしく」と「能力に応ずる」の関係

　憲法に明記された国民の「法の下の平等」（第14条）、「教育を受ける権利」（第26条）を直接受けて、教育基本法第3条が「教育の機会均等」の原則をかかげ、「人種、信条、性別、社会的身分、経済的地位又は門地によって、教育上差別されない」と明記した意義は大きい。戦前日本の社会には女性、障害者、被差別部落民、アイヌ系国民や在日朝鮮人・中国人などに対してさまざまな教育上の差別があり、また家計の貧しさゆえに上級学校への進学を諦めなければならない事態は広く存在していたからである。

　教育基本法第3条の「ひとしく、その能力に応ずる教育を受ける機会」については、憲法第26条の「その能力に応じて、ひとしく教育を受ける権利」と合わせて、「ひとしく」と「能力に応ずる（じて）」との関係をどのように理解するのかが鍵となる。この点は憲法および教育基本法の制定過程でも議論を呼んだ。政府当局者は、当時の厳しい財政状況などを理由に、教育を受ける権利や機会は能力が同等の場合には「ひとしく」なければならないが、「能力の程

度」によってその権利や機会が制限され，差別されてもやむを得ないなどと主張した。これに対してはさまざまな批判が出された。要約するなら，憲法によって教育が国民の基本的人権となった以上，教育の権利と機会はすべての国民に，とりわけすべての子どもに「ひとしく」保障されるべきであり，「能力」に応じて制限され，差別されてはならない。「能力に応ずる教育」とは，戦前の国家主義的な「画一的教育」の押しつけではなく，一人ひとりの子どもの個性や適性に応じた，さらに障害児にはその障害に応じたていねいな教育を保障することである，との見解である[3]。

さきにふれたように，「人格の完成」を最も重要な教育目的とする教育基本法の精神に照らすならば，後者の見解がその精神に合致していることは明らかであろう。この問題は，その後の教育や学校制度の在り方をめぐる教育実践上，教育政策上の大きな論点となって今日に至っている。その根底には，「人権としての教育とはなにか」，「人間の能力とはなにか」さらには「人間の平等とはなにか」という根本的な問題が横たわっているといえる。

(3) 教育の自主性の確保と教育行政の任務——「不当な支配」と「条件等の整備」

教育基本法には，あたかも扇のカナメのように，全体の締めくくりとして「教育行政」の条項（第10条）が置かれている。戦前の教育は国家の中央集権的な教育行政制度の末端に位置づけられ，文部省や地方教育行政官僚の細部にわたる指示と統制によって，その自主性は大きく制限されてきた。また，時々の中央や地方の政治勢力からの干渉も強く受けてきた。教育を政治的干渉からも官僚的支配からも守り，その自主性・自律性を確立することが教育行政改革の最も重要な課題とされたのである。

教育基本法第10条は，教育行政の原則としてよって立つ三つのキーワードをかかげている。第一は，教育が「不当な支配」に服してはならないことである。「不当な支配」とは，政党，官僚，財閥，組合など「国民全体でない勢力」とされたが，最も懸念されたのは教育行政官僚による支配である。第二は，教育が「国民全体に対し直接に責任を負って行われるべき」（同前）であることで

ある。「直接に責任を負って」とは、「国民の意思と教育とが直結してということ」であり、そのためには「政治上の意思とは別に国民の教育に対する意思が表明され、それが教育の上に反映するような組織」が必要とされ、教育委員会制度の設置が考えられていた。第三には、教育行政は、「教育の目的を遂行するに必要な諸条件の整備確立を目標として行われなければならない」(第10条第2項) ことである。すなわち、教育行政は教育内容に介入すべきではなく「教育を守り育てるための諸条件を整えることにその目標を置くべき」であるとされ、「教育行政の任務とその限界」が定められたことは重要である[4]。

教育基本法第10条に定められた教育行政の基本方針にそって、教育委員会法(1948年7月)と文部省設置法(1949年5月)などが制定される。実際には多くの不徹底な問題を含みながらも、従来の中央集権的、官僚統制的な教育行政の機構と機能は一新されて、教育行政の民主化・地方分権化・一般行政からの独立・命令監督行政の禁止・専門的な指導助言行政の重視などを原則とする戦後教育行政が出発したのである。教育委員会法に基づく公選制教育委員会制度はそれらを制度的に体現するものであった。

3 憲法・教育基本法法制の確立──その特徴と意義

すでに述べたように、憲法・教育基本法を支柱として憲法・教育基本法法制が確立されるが、その特徴と意義についてあらためて簡潔に整理しておこう。

まず第一は、「教育を受ける権利」の確立と教育理念・教育目的の根本的な転換がなされたことである。新憲法に「教育を受ける権利」が明記され、教育基本法は教育の目的として、「個人の尊厳を重んじ、真理と平和を希求する人間」、「人格の完成をめざし、平和的な国家及び社会の形成者」の育成を掲げた。教育勅語は廃止され、勅令主義に代わって教育立法の法律主義が確立された。

第二は、教育の機会均等原則と「単線型」学校体系の確立である。教育の機会均等原則が確立され、教育上の差別が禁止された。男女共学を基本とした6・3・3・4制の「単線型」学校体系が確立され、9年間の普通義務教育とその無償制が導入された。

第三は，教育内容・教育方法にかかわる法制度の民主的改革である。教科書の国定制は廃止されて検定制となり，学習指導要領は「試案」として，教師や学校の「手引」ないしは「参考書」とされた。教育内容は科学や芸術の成果に立ち，実際生活にそったものに再編され，子どもの自発性や体験を重視する方法が導入された。

　第四は，教師に関する法制度の改革である。戦前の閉鎖的な師範学校を廃止し，大学での養成を原則とする「開放制」教員養成制度が確立された。教師の教育活動の自主性，研修の権利が認められた。戦前は認められなかった労働基本権，市民的権利の保障など，教師の社会的地位も大幅に改善された。

　第五は，社会教育に関する法制度の改革である。社会教育は「国民の権利」とされ，国と自治体の条件整備義務が明記されたことは重要な点である。

　第六は，教育行政制度の改革である。教育の官僚統制を「不当な支配」として禁止し，教育の自主性・自律性の確保，教育行政の条件整備義務を規定した。教育行政制度の改革原則として，「民主化」「地方分権化」「一般行政からの独立」が打ち出された。これらの原則にそって，文部省の権限の縮小と命令監督を行わない指導・助言を主とするサービス機関化，公選制教育委員会制度の設置，視学制度の廃止と指導主事制度の設置など，画期的な改革がなされた。

3　教育基本法と戦後教育法制の展開

1　教育基本法「改正」論の登場

　教育基本法の制定当時からしばらくの間は，文部省当局者は積極的に，教育基本法の意義と内容を教育関係者や国民に説いていた。すでにふれたように，「今後のわが国の教育は，この精神に則つて行われるべきものであり，又，教育法令もすべてこれに基いて制定せられなければならない」（前掲，文部省訓令第4号「教育基本法の要旨」），「教育基本法制定の意義を，いかに強調しても強調し過ぎることはない」（文部省「日本における教育改革の進展」『文部時報』1950年8月）などと述べていたのである。

　しかし，こうした教育基本法に対する文部省関係者の高い評価とその理念・

原則を積極的に教育政策のなかに生かそうとする姿勢は，1950年代半ばごろから大きく後退し，転換されていく。とりわけ1955（昭和30）年11月，自由党と日本民主党の「保守合同」によって自由民主党（自民党）が誕生し，「国民道義の確立と教育の改革」と「憲法の自主的改正」が「党の政綱」の中心に掲げられてからは，教育基本法は憲法とともに「改正」されるべき対象とされ，その「改正」問題が歴代保守政権の重要な政策目標とされていくのである。ここに教育基本法「改正」論の"源流"がある。

教育基本法に対する評価は，ニュアンスの違いや力点の違いは見られるが，およそ次のように変質，転換されていく。すなわち，①教育基本法は，憲法と同様に日本に主権のない占領下で，GHQの主導で作られ押し付けられたものである。②そのため教育基本法には，個人の尊厳や人格の完成など，「個人」や「普遍的人類」などが強調されてはいるが，家庭や郷土，国家や民族，愛国心などの「公」，日本の歴史や伝統文化などを尊重するとの規定が抜け落ちており，「無国籍的」なものである。すなわち，教育基本法には日本の伝統や文化の尊重，愛国心や国家への忠誠心の育成などの重要な理念や徳目が欠落している。③そうした重要な価値や規範の欠落が，子どもと教育を歪んだものにする大きな原因になっている。④教育に対する国（文部大臣）の監督権や責任も明記されていない不十分なものである。⑤したがって，教育基本法は憲法改正に先立って，日本人の自主的立場からの全面的な「見直し」が必要である[5]。

このような特徴をもつ教育基本法「改正」論の"源流"には，教育勅語への郷愁と積極的な再評価がともなっていたことも注目される。教育勅語は間違ったものではなく，その内容は普遍性をもっており，今日でも有益な規範たりうる，というものであり，"伝統的権威主義的"改正論と呼ぶことができる。

2　教育基本法の「解釈改正」・「実質改正」

教育基本法の条文それ自体の改正（明文改正）は，世論の批判もあって実現されなかった。しかし，憲法における「解釈改憲」（その典型事例は憲法第9条）と深く連動して，自民党政府と文部省当局などによる教育基本法の個々の条項に

ついての解釈の変更（解釈改正）が進められるとともに，学校教育法をはじめとするその後の教育諸法律の改廃や制定，それを受けた文部省による行政立法や行政措置（学校教育法施行規則の改正，学習指導要領改訂や教科書検定の強化など）による実質的改正によって，教育基本法の理念と原則の空洞化政策が限りなく押しすすめられていくのである。

　教育基本法の解釈改正の事例は多岐にわたっているが，なかでも典型的な事例は教育行政（第10条）の「解釈改正」であろう。前述したように，戦前の教育と教育行政の反省をふまえて制定された教育基本法第10条は，「教育行政の任務とその限界」を規定したものである。その眼目は，教育行政の主要な役割を「諸条件の整備確立」に限定するとともに，教育行政が教育内容や教育活動に介入し，それを統制支配することを「不当な支配」として禁止して，教育の自主性を保障するものであった。1950年半ば以降，文部省当局はこうした当初の解釈を転換し，法令に従って行う文部省や教育委員会の教育行政は「不当な支配」には該当せず，また，文部大臣による学習指導要領の作成や教科書検定は「諸条件の整備確立」に含まれるとの主張を展開していく。

　憲法・教育基本法法制は，憲法と教育基本法を支柱として，下位の多くの教育法令によって構成されている。そして学校や教師をはじめ教育現場により具体的かつ直接的な影響力をもつのは，こうした下位の教育法令である。教育基本法の精神に反する下位の教育法令が制定されるならば，それらの下位法令が上位法である教育基本法を“逆規制”して，その精神を浸食し，空洞化させることによりその実質的な改正をもたらすのである。

　教育基本法の実質改正の事例も多岐にわたっているが，ここでは二つの重要事例をあげておきたい。一つは1956（昭和31）年に行われた教育委員会法の廃止と地方教育行政の組織及び運営に関する法律（以下，「地方教育行政法」という。）の制定である。これによって教育委員の公選制が廃止されて任命制になっただけでなく，教育委員会の権限は大きく縮小された。また，教育長の任命承認制や文部大臣等の措置要求（権）などの導入によって，文部省→都道府県教育長・教育委員会→市町村教育長・教育委員会→学校・社会教育施設という上意下達

的な縦の統制システムが確立されたのである。それに先立って，当初の教育委員会法では都道府県教育委員会の権限となっていた教科書検定権や，各教育委員会の学習指導要領作成権は文部省の権限に一元化されたのである（1952～53年の教育委員会法，文部省設置法等の改正による）。

　もう一つの典型例は学習指導要領の性格の改変と内容の改訂問題である。戦後はじめて文部省によって作成された学習指導要領は，前述したように教師と学校がそれぞれの地域にふさわしい教育課程を編成するための「手引」ないしは「参考書」とされていたものである。しかし，1958（昭和33）年の改訂を機に，学習指導要領は文部省告示として『官報』に公示され，国の教育課程の基準として法的拘束性をもち，すべての教育委員会，学校と教師が守るべきものであるとされたのである。また，教科書検定の際の最も重要な検定基準とされたのである。こうして文部省は学校教育の内容の実質的な決定権を掌握することになったのである。

3　「解釈改正」から「明文改正」へ

　これまで述べてきたように，教育基本法の「明文改正」は，1955（昭和30）年11月に発足した自民党の結党に当たっての重要な政策目標として掲げられた。しかし，結党直後の鳩山一郎政権や1980年代の中曽根康弘政権を除けば，歴代の自民党政権はその「明文改正」には踏み出さなかった。「明文改正」に対しては，野党や日教組などの教育関係団体をはじめ世論の強い批判があったことから，「解釈改正」や「実質改正」による政策を選択したものと思われる。

　教育基本法の「見直し」をはじめて打ち出したのは，2000（平成12）年3月に小渕恵三首相の私的諮問機関（法令に基づかない諮問機関，小渕首相の急逝によって森喜朗首相に引き継がれる）として設置された教育改革国民会議である。森首相の強い意向をふまえたその報告「教育を変える17の提案」（2000年12月）は，「新しい時代にふさわしい教育基本法を」との提案をかかげ，政府がその「見直し」に取り組むことを求めた。注目すべきことは，国民会議報告がそれまでの"伝統的権威主義的"改正論とは異なった"未来志向的"改正論ともいえる

「新しい時代にふさわしい教育基本法」構想を提唱したことである。

　この最終報告を待ち受けた森首相の指示により，文部科学省（2001年1月6日，文部省と科学技術庁が統合して発足。以下，文科省と略称）が急いでまとめた「21世紀教育新生プラン」（2001年1月）には，「教育振興基本計画の策定」とセットで「新しい時代にふさわしい教育基本法の見直し」が明記され，「中教審に諮問し取組みを進める」とされた。こうして「教育基本法の見直し」は，「教育振興基本計画の策定」問題とセットの形をとって，文科省の当面の教育改革プログラムに正式に組み入れられたのである。中教審への諮問は，森内閣に代わった小泉純一郎内閣の遠山敦子文科相によって，2001年11月に行われた。さきのプログラムどおり，「新しい時代にふさわしい教育基本法の在り方」と「教育振興基本計画の策定」がセットで諮問され，しかもわずか1年をめどに答申が求められていた。2003年3月に出された中教審答申「新しい時代にふさわしい教育基本法と教育振興基本計画について」は，大筋においてほぼ諮問の線にそったものであった。

　中教審答申を受けて与党（自民・公明）内に「与党教育基本法（改正）に関する協議会」（与党協議会）と，その下部組織である同「検討会」（与党検討会）が設置され，完全非公開の"密室審議"をへて2006年4月，「教育基本法に盛り込むべき内容と項目（最終報告）」を公表した。この最終報告は，国会に上程された改正法案と照らせば明らかなように，事実上の政府改正法案であった。

　2006年4月28日，164回通常国会に上程された政府提出の教育基本法案は，衆院の教育基本法に関する特別委員会（衆院教基法特別委）に付託された。それを追って民主党の日本国教育基本法案が対案として提出され，教基法特別委での審議は二つの法案をめぐって複雑に交錯しつつ展開された。164回通常国会では審議未了，継続審議となった法案は，小泉内閣に代わった安倍内閣下の165回臨時国会の衆議院で審議が再開され，衆院教育基本法特別委員会（11月15日），同本会議（翌16日）において，いずれも野党欠席のまま与党単独で政府法案を強行採決した。参議院に送付された政府法案も，参院教育基本法特別委員会での審議打ち切り動議をへて，本会議で与党のみの賛成多数で政府原案ど

おり可決成立したのである。

4 教育基本法の全面的改正と「教育基本法法制」の再編

1 教育基本法の全面的改正と改正理由

　2006（平成18）年12月22日の『官報』で公布された「教育基本法」の冒頭には，「教育基本法（昭和二十二年法律第二十五号）の全部を改正する」との「制定文」が付けられている。このように「全部改正」方式によって，同じ「教育基本法」の名を冠してはいるものの，後述するように，1947年教育基本法（以下，「旧法」という）の理念と内容は大きく改正されており，実質的には旧法を"廃止"し，新たな性格をもつ法律を制定したという側面が強いということができる。では，教育基本法はどのような理由と必要性によって改正されたのだろうか。

　先の中教審答申や改正法案の提案理由説明などから改正の理由と必要性を明確に読みとることは容易ではないが，それぞれの行間にこめられた「改正理由と必要性」は，次のように要約できよう。すなわち，①制定から半世紀以上が経ち，大きく変化した社会状況に対応した見直しが必要である，②教育全般についてさまざまな問題が生じている原因は教育基本法の内容に問題がある，③現行法には，愛国心や公共の精神など，「21世紀を切り拓く心豊かでたくましい日本人の育成」という教育理念や原則が不十分であるので，それを補完すべきである，④現行法には教育振興基本計画策定の根拠規定がないので，その法的根拠を明記する必要がある，などである。

　こうした「改正理由と必要性」については，これまでに多くの疑問や批判が出されてきた。たとえば，①制定から半世紀以上をへて，社会状況が大きく変化したことは事実であるが，そのことがなぜ直ちに教育基本法の改正につながるのか，②教育全般にわたってさまざまな問題が生じていることは明らかであるが，その大きな原因は，むしろ教育基本法の理念や原則が十分に実現されてこなかったからではないか，③教育振興基本計画の策定は，現行法第11条（補則）を根拠になぜできないのだろうか，④あらたな教育理念や教育目標として，「国を愛する態度」など20項目にもおよぶ徳目的事項を法律に書き込むことは，

憲法や現行法の精神に反するのではないか，などである。これらの疑問や批判には，最後まで納得のいく明快な説明はなされなかったのである。

2 「改正」教育基本法の構造と主な改正点

本書巻末の資料編に収録されている「教育基本法（新旧対照表）」からも明らかなように，前文と18条から構成されている新法は，あらたに「章」が導入されて4章構成となり，条項の数は旧法の6割増に膨れあがっているだけでなく，その条項構成と法文内容の両面で旧法を全面的に改正したものとなっている。

「前文」のほか「教育の目的」「教育の機会均等」「義務教育」「学校教育」「政治教育」「宗教教育」「教育行政」などは，旧法の条項の「見出し」そのままを継承しているが，その内容は大きく修正・削除・加筆されているものが多い。他方で旧法の「教育の方針」（第2条）と「男女共学」（第5条）の2条項が解体・削除され，代って「教育の目標」（新第2条）をはじめ「生涯学習の理念」（新第3条），「大学」（新第7条），「私立学校」（新第8条），「教員」（新第9条），「家庭教育」（新第10条），「幼児期の教育」（新第11条），「学校，家庭及び地域住民等の相互の連携協力」（新第13条），「教育振興基本計画」（新第17条）の9条項が新設されている（ただし，「教員」は旧法の「学校教育」から分離独立させたものである）。

新旧両法を一読してみれば明らかなように，新法は教育理念法としての旧法がもっていた簡潔にして論理的な凛とした格調が大きく後退し，教育政策法としての性格が色濃くなっていることがわかる。

3 新法の基本的な性格──その特徴と問題点

新法は，旧法の「普遍的な理念を継承しつつ，今日特に重要と考えられる理念や事柄をあらたに規定したものである」といわれている（2006年12月15日の伊吹文明文科相談話）。確かに，「日本国憲法の精神にのっとり」（前文），「人格の完成を目指し」（第1条），「個人の価値を尊重」（第2条），「不当な支配に服する

ことなく」(第16条)など、旧法に規定されている普遍的な理念や原則を示した文言は少なからず"継承"されており、そのことは今後の新法の解釈や運用にあたり留意すべき重要な点である。しかし、それらは、戦後60年余の歴史のなかで、国内外で深められ豊かにされてきた教育理念や教育条理をふまえて、「新しい時代にふさわしい」内実をともなって発展的に継承されているとはいえない。むしろ旧法の普遍的な意味を希薄化し、あるいは本来の意味を歪めた"後ろ向きの継承"であるともいえる。

さらに一方では、「普遍的にしてしかも個性ゆたかな文化の創造」「教育は、国民全体に対し直接に責任を負つて行われるべきもの」など、旧法に明記されていた理念と原則を示した多くの重要な文言が削除され、他方では、旧法の理念と原則とは異質とも思われる多くの文言があらたに加えられている。それらによって、旧法の根本精神と原則が大きく後退ないしは否定され、法律の名によって時の立法府や政府・行政官庁が人間の内面や教育内容にまで深く介入し、教育全体を統制支配できるような構造に改変・変質させられているといわざるを得ないのである。

新法の各条項にそくして逐条的に検討することは紙幅の関係で難しいので、ここでは新法の根本的な問題点のいくつかについてのべておきたい。

第一は、旧法の前文や教育行政(第10条)の全面改正に象徴されるように、新法においては憲法の精神や原則とのつながりが希薄化されるとともに、それに逆接する基調が全体をとおして強められていること。第二は、新設された「教育の目標」(第2条)に「豊かな情操と道徳心を培う」「わが国と郷土を愛する」など、人間の内面に踏み込んだ徳目をふくむ20項目余の「目標」事項を、国民に「必要な資質」(第1条)として法定化し、義務教育学校を中心として、教育全体をとおしてそれらの実現を図ろうとしていること。第三は、「国民一人一人が、自己の人格を磨き」(第3条)、「教育を受ける者が学校生活を営む上で必要な規律を重んずる」(第6条)などのように、多くの条項で国民、保護者、教員、子どもなどに直接間接の責務を課している一方で、こうした国民の教育に対する権利や自由については一言も規定していないこと。第四は、教育の自

主性を保障するために,「教育行政の任務とその限界」を定めた旧法の教育行政条項を全面的に改定して,法律によりさえすれば,政府や文科省等が教育への政治的・行政的な権力的な介入がきるようなしくみを合法化・正当化しようとしていること(とくに第16条)。第五は,政府が策定する教育振興基本計画(第17条)によって,国が教育の全分野にかかわる目標を定め,教師・学校・自治体に競わせ,その実施・達成状況を評価し,予算配分に反映させるというあらたな政府・文科省主導の目標・評価・管理方策が導入されたこと,などである。

4 「改正」教育基本法と「教育再生」政策

「改正」教育基本法も旧法と同様に,現行教育法体系のなかにおいて「教育の根本法」としての位置を占めている。「改正」教育基本法に基づいて,学校教育法をはじめとする下位の教育法律と関係政令・省令の改正や学習指導要領改訂などを進め,「教育の法と制度」を再編することになる。教育基本法の明文改正の最大のねらいはそこにあるからである。

第一次安倍政権の掲げた「教育再生」政策の具体化として制定された,2007(平成19)年の「教育改革関連3法」(学校教育法,地方教育行政法,教免法・教特法のそれぞれを一部改正する法)は,その最初のものである。政権の座に復帰した第二次安倍政権は,「教育再生」政策をさらにバージョンアップした「教育再生改革」に着手している。

しかし,現行教育法体系の頂点には日本国憲法が存在し,また日本が批准している子どもの権利条約をはじめとする一連の教育にかかわる人権条約があり,そのなかでは重要な国際的な教育理念や教育準則が規定されている。新法とそれに基づいて再編確立が企図されている「新教育基本法法制」は,現行教育法体系のなかに新たな緊張関係を生み出すことは避けられない。新法の解釈・運用は「日本国憲法の精神にのっとり」(新法前文)行われなければならず,また,上記の条約等の精神・原則と諸規定およびそれらに込められた教育条理に則って適切に行われなければならない。

【三上　昭彦】

注

(1) 日本国憲法の成立過程とその特徴については，古関彰一『日本国憲法の誕生』岩波現代文庫，2009年，辻村みよ子『比較のなかの改憲論』岩波書店，2014年，などをぜひ参照のこと。
(2) 辻田力・田中二郎監修，教育基本法研究会『教育基本法の解説』国立書院，1947年。なお，この点にかかわっては，最高裁大法廷学力テスト旭川事件判決(1976年5月21日)の「四 本件学力調査と教育法制(実質上の適法性)」部分の「3 教基法10条の解釈」をあわせてぜひ参照のこと。
(3) 詳しくは，三上昭彦「教育の機会均等」伊ケ崎暁生編『教育の機会均等(教育基本法文献選集3)』学陽書房，1978年，所収，および同書収録の諸論稿を参照のこと。
(4) 詳しくは，前掲注(2)の文献の第10条に関する部分を参照のこと。
(5) 教育基本法改正論の歴史については，三上昭彦「教育基本法改正論批判」『教育』2001年9月号(668号)，所収。

考えてみよう

1 国際的にもほとんど例のない教育基本法はなぜ制定されたのだろうか。
2 教育基本法は「教育憲法」ともいわれたが，その理由はなんだろうか。
3 教育基本法はなぜ改正されたのか，その理由と背景はなんだろうか。
4 新旧教育基本法を比べて，その違いと共通点を明らかにしてみよう。

参考文献

辻田力・田中二郎監修，教育基本法研究会『教育基本法の解説』国立書院，1947年
　その復刻版である民主教育研究所編『いま，読む「教育基本法の解説」』同研究所，2003年
鈴木英一ほか編『教育基本法文献選集』(全8巻＋別巻1)学陽書房，1977〜1978年
鈴木英一・平原春好編『資料 教育基本法50年史』勁草書房，1998年
辻井喬・藤田英典・喜多明人編『なぜ変える？ 教育基本法』岩波書店，2006年
浪本勝年・三上昭彦編著『「改正」教育基本法を考える——逐条解説(改訂版)』北樹出版，2008年
田中壮一郎監修・教育基本法研究会編著『逐条解説 改正教育基本法』第一法規，2007年
教育学関連15学会・共同公開シンポジウム準備委員会編『新・教育基本法を問う——日本の教育をどうする』学文社，2007年
市川昭午編著『教育基本法(リーディングス日本の教育と社会④)』日本図書センター，2006年

第3章　学校をめぐる法と制度

はじめに

学校とは何らかの知識や技術を他に教えるための継続的な社会的施設である。現在ではそれは公教育として社会的制度とされ，基本的事項については法律で定められている。本章では学校に関する法と制度のなかでそれぞれの学校の目的目標，学校階梯（学校の接続），義務教育，公教育などの規定について，高等学校までの学校を中心に概観する。

1　歴　史

日本においては古代に，中国や朝鮮の例にならって律令の一つである大学令に基づいて大学寮が置かれたが，これが学校制度の始まりである。その後は，綜芸種智院(しゅげいしゅちいん)や金沢文庫，足利学校などがおかれたが，学問を学ぶところは近世のはじめまでほとんど寺院に限られていた。僧侶以外の知識人は公家を除いていなかったからである。江戸時代の中頃から，幕府の設ける学校のほか，藩の設ける学校（藩校という用語は後のもの）や寺子屋，郷学，私塾などが生まれるが，中世，近世を通して学校に関する制度的基準はなかった[1]。

ヨーロッパにおいても学校の成立の過程は日本の場合と大きくは変わらない。ルネッサンス以後さまざまな学校ができ，互いの接続関係が考えられるようになる。この問題を初めて全体的に構想したのはコメニウス（1592-1670）である。かれは主著『大教授学』(1657)[2]のなかで小学校から大学まで一貫した学校制度を構想したが，戦乱のなかで定着するには至らなかった。しかし彼の考えた初等，中等，高等の学校段階の区分，学年制などは今日でも重要な役割を果たしている。

近代教育の大きな特徴として，公教育という位置づけがある。これは社会一般に行われる教育は公共的な，社会全体に認められる教育を行うものであり，公的な財政支出によって支えられるという考え方である。いいかえれば公教育とは社会人として誰もが必要とする普通教育およびその上に行われる社会で必要とされる専門教育をさす。そして少なくともその初歩的内容は義務教育とし，無償教育としてすべての人々に受けさせることになる。こうした教育は，近代的な人権思想，とくに思想信条，良心，信仰の自由と両立させることが必要になる。こうして成立した原則が，公教育における特定の政治的主張の教育の排除および公立学校の教育における特定宗派の宗教教育の排除の原則である[3]。

　日本では明治維新の後，急速に近代化の道を進むために，当時（19世紀半ば）の欧米の教育制度を取り入れることになる。近代的な学校制度に関する法制度は，1872（明治5）年の「学制」に始まる。これは小学校から大学まで包括した法令（文部省布達）である。その後，1879（明治12）年には教育令が出されたが，1885（明治18）年の内閣制度の発足によって教育に関する基本は天皇の命令である勅令によることになり，翌1886年小学校令，中学校令，帝国大学令，師範学校令と学校種別に制定された。その後，学校制度に関して1894（明治27）年に高等学校令，1899（明治32）年には高等女学校令および実業学校令，1903（明治36）年に専門学校令，1918（大正7）年に大学令，1923（大正12）年に盲学校及聾唖学校令，1926（大正15）年に幼稚園令が出される。さらに1935（昭和10）年には青年学校令が，戦時下の1941（昭和16）年に小学校令を国民学校令とし，1943（昭和18）年には中学校，高等女学校，実業学校を包括した中等学校令が出された[4]。

　このように，戦前の学校法制は学校種別に法令が定められていた。これらの法令は大日本帝国憲法の下での勅令（天皇の命令）であり，公教育を公権力による教育を中心として考え，私立学校を公立学校と同等に扱わなかったり，教育を国民の権利ではなく国家に対する義務として位置づけるなど多くの問題を含んでいた。学校制度としては複雑な複線型学校体系をとり，上級学校への進学は特定の学校の卒業生に限られていただけでなく，女子の教育が大幅に制限さ

れ教育内容のレベルも押さえられた。議会は予算に関わること以外，教育には全く関与できなかった。

2 現行法と現状

　戦後の教育改革において日本国憲法と教育基本法（旧法）に基づいて学校種別の規定を総括し，勅令ではなく国会で定める法律として学校教育法が1947（昭和22）年に制定され，その骨格は維持されつつ今日に至っている。設置者に関する規定（私立学校法，国立大学法人法，地方独立行政法人法）のほか，学校の教員編成や設備，条件等に関する規定がある。学校教育法の下位法としては学校教育法施行令のほか，同施行規則，学校ごとの設置基準，学位規則（いずれも，文部科学省令）などがある。このほか，直接学校教育に関わるものとして学校図書館法，学校給食法，学校保健安全法などがあり，教育法の大半は直接間接に学校教育に関わっている。その他の法令でも，民法，児童福祉法，少年法，職業安定法などさまざまな法も関わる。学校に固有の規定として，①学校の制度に関するもの，②学校の設置に関するもの，③学校の運営組織や体制に関するものなどがある。以下，学校教育法を中心にこれらの法と制度を見ていこう。

1　学校制度・公教育・義務教育

　①戦後の学校制度は1947年に改革された6・3・3・4制であり，今日に至るまで基本的変更はない。小学校6年，中学校3年，高等学校3年（ただし定時制，通信制にあっては3年以上），大学4年（学士課程。ただし医，歯，薬，獣医は6年であり，短期大学は2年または3年）の制度である。このほか修士課程，博士課程の大学院および専門職大学院があるが大学に含まれる。小学校の就学前の学校として幼稚園がある。なお，保育園は児童福祉施設であって，学校ではない。また特別支援学校（2007年4月より名称変更。それまでは盲学校，聾学校，養護学校に区分されていた。）がある。特別支援学校の教育は幼稚園，小学校，中学校，高等学校に準じた教育を行うものである。これはいわゆる単線型の学校体系であり，どの段階の学校も上級の学校への進学が可能な制度となっている[5]。

その後，高等学校（3年）と短期大学（2年）の教育を統合した5年制の高等専門学校（1962年4月に設置）が，さらに中学校と高等学校を合わせた6年制の中等教育学校（1999年4月設置）が制度化された。高等専門学校は大学3年次に編入が可能であり，中等教育学校は中学校と高等学校の教育を合わせて行うものであって卒業生は高等学校卒業と同様に扱われている。

　学校に類する教育を行うものとして各種学校がある。1976（昭和51）年には各種学校のうち一定条件を満たすものについては専修学校として制度化された。専修学校は中卒対象の高等課程，高卒対象の専門課程，およびそれ以外の一般課程に分かれ，専門課程は専門学校と称することが認められている。

　②学校教育法は，第1条で「学校とは，幼稚園，小学校，中学校，高等学校，中等教育学校，特別支援学校，大学及び高等専門学校とする」と規定している。これらの学校を1条校といっているが，1条校はいわゆる公教育機関であり，幼児，児童，生徒，学生の人格形成を目的としている。これは設置者の違いに関わらない，すなわち国立，公立の学校に限らず私立学校も同様であることに注意すべきである。学校教育法は設置者の違いにかかわらず，設置された学校は同等に扱っている。また戦前には多く見られた各省庁や地方の設置する学校も，特殊な専門的業務の準備教育をするものを除いて学校教育法の定める学校として設置するものとされた。すなわち，「教育とは，人格の完成を目指」す（教育基本法第1条　この文言は2006年の改正では「目指し」と漢字になっただけで「人格の完成」という点は改正されなかった）ことを実現するものである。

　戦後実現されたいわゆる6・3・3・4制は単線型の学校制度といわれ，その後の高等専門学校等の設置は複線型の学校制度をめざすものという批判がされた。その後，高等専門学校からの大学への編入の制度が認められ，今日では短期大学はもちろん，専門学校からも編入が可能となっている。進路の行き止まりの学校がなくなったという意味では，単線型学校制度となっているといえる。しかし公教育の意義は人格の完成をめざす立場から十分な一般教養や外国語，体育の科目も設置して単なる職業準備機関としないという点にある。この点では現在の専門学校の教育内容は不十分であろう。

したがって専修学校・各種学校は1条校には含まれない。しかしながら1条校ほどではないとしても公共性は認められるので，一定の保護・奨励をするために本法に規定するのである。公教育でないものは私教育というが，各種学校，専修学校以外の私教育には，社内教育，寺院や宗教団体，個人や団体の行う教育があるが社会的一般性があるとはとくに認められない。

　戦後の改革において義務教育が9年に延長された。義務教育は国民が「その保護する子女に，普通教育を受けさせる義務」(憲法第26条第2項)であり，9年という期間の定めは当初の教育基本法から学校教育法に移された。注意すべきは，期間が9年ということであって，小学校と中学校の課程をすべて受けさせることが義務であるのではないことである。戦前の義務教育は国家に対する国民の義務(納税，徴兵と並んで三大義務といわれた)であったため，たとえば障害者は国家の役に立たないという理由で義務教育から排除(「免除」)されていた。これに対し戦後の義務教育は国民の権利として定められ，義務教育は無償とされた(憲法第26条)。この時，盲学校，聾学校も同時に義務教育とされたが，養護学校が義務教育とされるのは1979(昭和54)年を待たねばならかった。また就学免除，就学猶予の制度がある。

　なお，義務教育は，反面，労働者として雇用することへの原則禁止を意味することを注意するべきである(労働基準法第56条)。また18歳未満の年少者を雇用する場合には証明書等を事業場に備え付けることが必要となる。

2　学校の設置，管理と費用負担，名称の専用

　①1条校の学校の設置は，教育基本法で，国，地方公共団体及び法律に定める法人のみが，設置することができる(第6条)として，個人の設置を認めていない。これは学校教育を継続・安定して進めることを保障するためである。ただし1条校のなかでは幼稚園に限り，私人(個人)や一般の法人による設置が認められている(これまで特別支援学校は私人の設置が認められていたが2007年からその規定は廃止された。専修学校，各種学校についてはこの規制の対象にはならない。なお，国の定める構造改革特別区域(いわゆる「特区」)においては特例として，株式会

社やNPO法人による大学や高等学校などの設立が認められるところがある)。

　これらのうち，国立学校については今日では大学・高等専門学校に限られている(各国立大学法人および独立行政法人国立高等専門学校機構による設置)。特別な場合として放送大学学園は特別法によって設置されている。義務教育の学校については，市町村は義務教育学校の設置義務を負っている(学校教育法第38条，第49条)(小学校，中学校に相当する特別支援学校については都道府県(第80条))。市町村の事務組合の一種として学校組合による設置が認められている(第39条，第40条)。公立大学を設置する場合は自治体が直接設置するか地方独立行政法人の一種としての公立大学法人の設置による。「法律に定める法人」については学校教育法により学校法人とされ，具体的には私立学校法に規定されている。

　このように設置者は異なる法律に定められるが，設置される学校は設置者の違いにかかわらず学校教育法によって統一的に規定されていることは現在の学校制度の大きな特徴である。すなわち設置者の違いによらず設置される学校は同等であり，国立，公立，私立の学校のいずれであってもそれのもつ公教育性には違いがない。

　②「学校の設置者は，その設置する学校を管理」(第5条)するものとされている。現在の制度は学校自体は法人格をもたないので，学校財産の管理や教員の雇用などの契約等は設置者が専ら行うことになる。これはいわゆる教育行政に含まれる。したがって，私立学校の場合も設置者である学校法人が行う管理は本来教育行政にあたると考えるべきであろう。すなわち教育行政の行うことは管理であって，教学の内容・方法に直接関わることは含まれないというべきであろう。

　また，学校の経費については，学校の設置者は，「法令に特別の定のある場合を除いては，その学校の経費を負担する」(第5条)という規定がある。戦後においては学校の設立は国民の権利であるが，設置する場合は費用を負担するということである。これは1874(明治7)年に出された文部省布達第22号の基準をいまだに続けていることになる。ただし，各種の振興法などによって私立学校に対しても国庫補助を行う制度ができている。国際的には教育費の無償化

が国際人権規約に定められており、公的財政を支出することについて議論の余地はない。

なお、専修学校、各種学校以外のもので学校に類する教育を行っている場合は都道府県の教育委員会または都道府県知事は設置認可の申請を勧告し、場合によってはその教育をやめるよう命ずることができる。これは1条校以外のものが1条校の名称の使用が禁止されていることと合わせて「法律に定める学校は、公の性質を有するもの」(教育基本法第6条)として一定の水準を確保し、私的な施設が勝手に学校名称を使用して混乱させないとともに、行政機関が教育施設について把握できるようにすることに意義がある。学校の教育が基準を備えていない場合には行政的に変更や改善の命令を発し、または学校の閉鎖を命令できるとしていることや、私立学校に法人格を認めて税制などの優遇措置をとり、教育財産の散逸を防いでいることもその一例である。こうして、私立学校の安定した教育活動が期待されている。

3　学校の目的・目標と学校の接続関係

学校教育法は、2007 (平成 19) 年の改正によって大きく変更された。義務教育の章を設けたこと、幼稚園を学校制度の規定のはじめに掲げたこと、高等学校までの学校の教育の目的・目標を改めたことなどである。義務教育の目標(第21条)はこれまでの小学校教育の目標をふまえているものの、「我が国と郷土を愛する態度」のほか、「伝統と文化を尊重」すること、「……公共の精神に基づき主体的に社会の形成に参画し、その発展に寄与する」こと、「生命および自然を尊重する精神」を養うことや「家族と家庭の役割」の理解などが規定された。

これにともなって中学校の目標の規定が大きく変わった。すなわち中学校教育の目標は、その目的を達成するため「第21条各号に掲げる目標を達成するよう行われるものとする」(第46条)とし、目標は「中等普通教育を施す」(旧第35条)としていたものを、「義務教育として行われる普通教育を施す」(第45条)とした。小学校については、これまで「初等普通教育を施す」(旧第17条)とし

ていたものを,「義務教育として行われる普通教育のうち基礎的なものを施す」(第29条)とした。高等学校の場合は,「高等普通教育及び専門教育を施す」(旧第41条)から「高度な普通教育及び専門教育を施す」(第50条)と変わった。

なお,目的・目標に関わって,教科書の使用(第34条)や体験学習の充実(第31条)などの規定がある。また食育については食育基本法が制定されている。

4 学校の組織と運営

学校の職員組織については,「小学校には,校長,教頭,教諭,養護教諭及び事務職員を置かなければならない」とし,このほか,「副校長,主幹教諭,指導教諭,栄養教諭その他必要な職員をおくことができる」(第37条第2項)と規定されており,幼稚園,中学校,高等学校,中等教育学校,特別支援学校についても準用される。「校長は,校務をつかさどり,所属職員を監督する」(第37条第4項)。すなわち学校のとりまとめを行う。「教諭は,児童の教育をつかさどる」(第37条第11項)。なお,「教頭は,校長……を助け,校務を整理し,及び必要に応じて児童の教育をつかさどる」(第37条第7項)こととされている。また,「養護教諭は,児童の養護をつかさどる」(第37条第12項)こととされている。

1947(昭和22)年の学校教育法制定当初は,校長,教諭,養護教諭の他は事務職員と助教諭だけが定められていた。その後,教頭,講師,養護助教諭が追加された。2004年には学校栄養士の位置づけを高めて栄養教諭が制度化され,「児童の栄養の指導及び管理をつかさどる」(第37条第13項)と規定されている。

2007(平成19)年6月の学校教育法の改正では,教員の職について,副校長,主幹教諭,指導教諭の制度が設けられ,栄養教諭ともども学校に置くことが認められた。「副校長は,校長を助け,命を受けて校務をつかさどる」(第37条第5項)とされ,「主幹教諭は,校長(中略)及び教頭を助け,命を受けて校務の一部を整理し,並びに児童の教育をつかさどる」(第37条第9項)とされた。また,指導教諭は「児童の教育をつかさどり,並びに教諭その他の職員に対して,教育指導の改善及び充実のために必要な指導及び助言を行う」(第37条第10項)こととされている。このほかの職員としては学校医・学校歯科医・学校薬剤師

(学校保健安全法第 23 条)がある。

校長および教員となれない欠格事由については，学校教育法に規定されている(第9条)。教員資格については教育職員免許法があるが，そこでは校長等は対象ではない。したがって教員免許をもたない社会人の校長等についての欠格事由は，教育職員免許法ではなく学校教育法の規定によることになる。

校務に関しては，教員のなかで「調和のとれた学校運営が行われるためにふさわしい校務分掌の仕組みを整えるものとする」(学校教育法施行規則第 43 条)とされ，教務主任，学年主任，保健主事，事務主任を置くとともに，中学校，高等学校にはそのほか生徒指導主事，進路指導主事を置くこととされている。さらに，「校長の職務の円滑な執行に資するために，職員会議を置くことができる」(同規則第 48 条)こととされている。

5　学校の施設・設備

学校の施設・設備については学校教育法施行規則に規定されている。すなわち，「学校には，その学校の目的を実現するために必要な校地，校舎，校具，運動場，図書館又は図書室，保健室その他の設備を設けなければならない」とし，学校の位置も教育上適切な環境に定めるべきこととされている(第1条)。これについてさらに詳しい規定として幼稚園から大学までの設置基準が定められている。ただし特別支援学校については制定されていない。

また，消防法による防火への対応が義務づけられている。

3　問題点

国民の教育を受ける権利を認める場合，それにふさわしい教育をどう保障するかは大きな課題である。それには学校制度，教育の目的，目標，内容に関する問題と，社会的な保障，たとえば労働の制限や教育費の無償，学校の設置などの社会制度に関わる問題がある。後者については行財政も関わることであり本書第9章で取り上げるので，ここでは前者について考えたい。

1 児童・生徒および教員の内心の自由の確保

現行法では学校の目標，とくに義務教育の目標として愛国心など個人の内心に関わる事項を掲げるが，それは妥当か，という問題がある。義務教育の目標の根拠として，学校教育法では，教育基本法第 5 条第 2 項の規定の目的規定をあげる（第 21 条）が，そこでは「義務教育として行われる普通教育は，各個人の有する能力を伸ばしつつ社会において自立的に生きる基礎を培い，また国家及び社会の形成者として必要とされる基本的な資質を養うことを目的」とするとされる。

教育基本法では，教育一般の目的を次のように規定している。「人格の完成を目指し，平和で民主的な国家及び社会の形成者として必要な資質を備えた心身ともに健康な国民の育成を期して行われなければならない」（第 1 条）。この条文は 2006（平成 18）年の改正で，「真理と正義を愛し，個人の価値をたっとび，勤労と責任を重んじ，自主的精神に充ちた」の部分が削除されて「必要な資質を備えた」とされ，「平和的な国家」の部分が「平和で民主的な国家」に変わっている。しかし「人格の完成を目指す」ことは変わらない。

この「人格」ということをどう理解するかによって，教育の目的・目標の理解が大きく変わる。憲法では基本的人権の保障として思想・良心の自由や信教の自由など，個人の内面の自由を認めている。義務教育の目標の規定はこれに抵触するものではないだろうか。公教育としての教育の目標をどう規定するかは近代における重大問題であり，学校では特定党派のための政治教育等を行わず，また国立公立の学校では特定宗教のための宗教教育等を行わないことは，近代教育の原則として国際社会でも広く承認されている。この視点から教育目標の規定は十分な検討が必要である。

2 中等教育の充実

現行法では義務教育の重視によって小学校と中学校との関連が重視されているが，これまで小学校・幼稚園は初等教育，中学校は高等学校とともに中等教育として扱うことが一般的である。他方，戦前においては小学校の延長として

高等小学校があり，戦後の学制改革によって高等小学校の校舎や教員が新制中学校として再編された経緯がある。公立学校では小学校と中学校は同じ設置者であることも多く，中学校教育の位置づけが確立していないといわざるを得ない。

すなわち，小学校と中学校の一貫教育が進められているが，中学校と初等教育機関である小学校との関係を強め，初等教育の延長であるとする傾向を強めている。小学校は学級担任であり，中学校は教科担任制をとっており，この面でも現場の負担と矛盾は大きい。しかし，中学校段階では生徒の多くは第二次性徴期を迎え，大人としての意識も強まり，教育も教科担任制をとり教育内容は一段と理論的なものが増える。進路の選択が発達上の大きな課題として登場するのである。社会に出る準備を進めるためにも中学校を中等教育として位置づけるとともに，高校教育もすべての青年に保障することが必要であろう。とくに高度に発達した社会では，現代社会・世界と文化についての理解を深め，社会人として必要とされる知識とともに理解力，判断力，技能等について十分身につけられるよう，カリキュラムを改善し指導体制の充実を図ることが必要となろう。このため先進国では初等教育を短縮しながら中等教育の年限を増やし充実させる施策がとられている。

3　学校の管理と運営

2007年の法改正以降，校長の職務を補うものとして副校長や主幹教諭を置くことができるようになっている。前述したように，教頭は「校長……を助け，校務を整理し，及び必要に応じ児童の教育をつかさどる」（学校教育法第37条第7項）ものであるが，副校長は，「校長を助け，命を受けて校務をつかさどる」（同第5項）ものであるとされる。

校長のなすべき仕事が増えたということもあるが，校長が学校の責任者として権限が強まったかといえば必ずしもそうではない。公立学校では教育委員会の指示する事項が増え，校長が校務運営の必要から自主的に判断することが認められないことが少なくない。私立学校においても設置者である学校法人と設置される教育機関である学校との関係では同様の問題がある。いずれの場合も

校長は人事権や予算の使用について制約が多い。

　学校とその設置者の関係をどう考えるかは法的にも重要な問題であるが，戦後の改革では政治等の不当な支配をさせないために教育の独自性を認めて，学校の行う教育活動には設置者の関与が制限されると考えられていた（旧教育基本法第10条）。戦前の私立学校は学校そのものが法人となって法人格をもっていたが，設置者の責任と教育の実施を区別するために戦後改められた。近年の国立大学法人制度は国立大学の学長が法人の長となる等，設置者としての国立大学法人であるとともに教育機関としての学校であると見られる規定があり，戦前の私立学校の場合に近い。公立大学法人の場合は一律ではなく選択可能である。

　学校管理に関連して学校評価（学校教育法第42条），情報公開の義務化（第43条）が進められ，学校評議員を置いて外部の意見を聴取すること（学校教育法施行規則第49条）や，学校，家庭，地域の連携協力が強調されてPTAとは別に「学校支援地域本部」をおくことも文部科学省により奨励されている。こうした施策は国民の教育への参加の権利を保障するものとしての意義は認めるが，学校や教員の専門性に立った教育に関する判断を社会がどう尊重し見守るかという問題もあろう。また，教員の専門的な立場からの認識を校長はどう尊重するかの問題もあり，職員会議を単に校長の諮問機関とすることは適切ではない。

4　新動向

1　いわゆる一貫教育の問題

　近年，小中，中高，幼小さらには小中高の一貫教育・一貫校が増えている。教育の面でこれらの学校が互いに連絡を取って進めることは必要でもあり教育的に意義があることであるが，学校を一つにしてまですることがよいかは，すでにふれたように検討の余地がある。

　これまでにもこのような一貫教育はさまざまに行われてきた。戦後の学制改革で旧制中等学校から新制中学高等学校へ移行したため，国立，私立の学校では中学校と高等学校をもつところが多い。私立学校の場合は，幼稚園から大学

まで一貫教育をしていることを特色として打ち出すところもある。さらには，小学校から高等学校までの一貫教育として内部では４・４・４制をとる私立学校もある。すでに高等専門学校や中等教育学校といった学校制度も設けられている。

　６・３・３制はアメリカから導入されたというが，アメリカでは５・３・４や４・４・４など多様な区切りがある。アメリカの学年は日本の高校３年生を12年生というように１年生から順番に呼んでおり，同じ学年では学校の区切りにかかわらず基本的に同じ内容の教育を行っている。

　なぜ今，一貫教育が広がっているのだろうか。一つには幼稚園から小学校，小学校から中学校への進学に当たっての子どもの不適応が広がっているために両者で連携をとって教育を進めようというものである。また中高一貫の場合は私立学校での一貫教育に注目が集まるなかで公立学校もそれに対応しようとすることであり，直接には受験教育を効率よく進めることと，高校受験という関門をなくしたいという考えによる。私立学校の側でもこれらの動きに対応して中学校を新たに開設し，小学校を設けて高等学校までの一貫教育を生徒募集の目玉にするところなどがでている。こうした私立学校の動きは，「お金をかければいい教育ができる」という視点からのものでもある。

　学校への不適応などへの対応として学校間の連携を強めることは当然であるが，一つの学校にしなければできないことではない。現実には教員を増やさないで対応するために，教員の負担は大きくなっている。受験教育を意識した場合は私立学校のような詰め込み教育をして高校３年は直接の受験準備に宛てることを公立学校でも行えるようにするねらいがある。しかしこれも，カリキュラム改革で対応できることであり，教育予算を大幅に増やすことが先決であって学校制度の改革は必要とはいえない。それをわざわざ学校制度の改革として主張するのは戦後の６・３・３・４制を変えることによって戦後教育は終わったことを示すこと，それを機会に学校の運営などの仕方を全面的に改めることにねらいがあろう。すなわち，現在の学校制度改革の議論は実際の教育の必要性から発したものとはいえない点に注意すべきである。

2　学校選択制

　通学区の自由化は制度的には教育委員会の裁量といえるが，公教育制度というものをどう考えるか，公立学校の特色ないし学校差をどう考えるかの問題である。学区の自由化とは学校差があることを前提として，保護者がその子どもの通学する学校を自由に選択できるとするもので，その結果，良いとされる学校はマンモス校化し，そうでない学校は入学者が集まらないこととなっている。教育委員会としては学齢人口の減少により相対的に過剰と考える学校数を削減するために不人気校を廃校するための手段とする場合もある。

　ここでの問題は，学校差があるとしてその原因は教師や設備の違いによるものかどうかをまず考える必要がある。公立学校は設置基準もあり設備等の違いは基本的にはない。また教員も強制異動があるために学校ごとに大きく質的に異なることもない。そうなると学校差は立地条件，つまり地域性ということになる。これは商業地域，住宅地といった地域の特性の違いであるが，それは住民層の特徴ということになる。行政的に住民層を他の地域と同等にすることはできないが，公教育としては地域的な差異があったとしても同じような教育を行い成果を出すことが求められる。そのためそれぞれの学校の特色を出すことを求める場合もある。教育予算が限られるという状況のなかで，人気校と不人気校をつくり出し，人気校に予算を集中させるといった方策をとっている。

　公立学校は，住民に対して公教育を保障するために作られる学校であるので，住民である子どもたちが近くの学校で学ぶことが基本であり，小学区制をとることは合理的な理由がある。そして教育を受ける権利を保障する観点から住んでいる地域によって教育の質が変わらないようにすることが必要である。したがって公立学校における学校選択の自由ということは基本的な原則にはならない。ただし都市部の場合，指定された学校より隣の学区の学校の方が近いといったことがおこる。都市部の学校立地の難しさや，学校設置後の人口変化によって学区が変更される場合などによるものであるが，その他いじめなどの理由によって転校を希望する場合などで合理的な解決策を追求することまでは排除されるべきではない。

なお，公立高等学校の学区の廃止などにより全県で自由に出願できるようにすることが増えている。この場合も基本的には小中学校の学区と同様に考えるべきであろう。また生徒の通学負担という点から十分な検討が必要である。

【蔵原　清人】

注
（1）　たとえば石川松太郎他『日本教育史』玉川大学出版部，1987年を参照のこと。
（2）　旧法令については神田修他編『史料教育法』学陽書房，1973年を参照のこと。
（3）　コメニュウス（鈴木秀勇訳）『大教授学』1，2，明治図書　1969年（原著は1657-58）
（4）　コンドルセ他（阪上孝編訳）『フランス革命期の公教育論』岩波書店，2002年，ハクスレー『自由教育・科学教育』明治図書などを参照のこと。
（5）　日本の戦後直後の学制改革の特質については，たとえば文部省『広報資料4・新制義務教育の10年』1958年3月を参照のこと。

考えてみよう
1　現行法では，義務教育として小学校，中学校の関係を重視する考え方になっているが，中学校，高等学校の関係を中等教育として重視する考え方と両立するかどうか考えてみよう。
2　現行法ではなぜ幼稚園が最初に規定されるようになったのか，また幼稚園教育の意義を考えてみよう。
3　子どもの発達を保障するために，どんな環境を用意すべきか。この立場から学校における教育と福祉の関係をどうとらえたらいいか，考えてみよう。
4　学校の設置者の違いはあっても，学校制度上は同等に扱うことの意義はなにか。また設置者として国（国立大学法人を含む），地方自治体（公立大学法人を含む），学校法人だけが認められることの意義は何か，考えてみよう。
5　学制改革が論じられているが，どんなことを根拠に主張されているかを調べ，その目標とともに実施した場合の問題点や課題を考えよう。また学校としての運営の安定という点から見たとき，修業年限の区分と，初等教育・中等教育の教育段階の区分とは一致すべきかどうか考えてみよう。

参考文献
今村武俊・別府哲『学校教育法解説（初等中等教育編）』第一法規，1968年
平原春好著『学校教育法』総合労働研究所，1978年
鈴木勲編著『逐条学校教育法（第7次改訂版）』学陽書房，2009年

第4章 子ども・生徒をめぐる法と制度

はじめに

　教職をめざす学生の皆さんにとっては，教育における法や制度の問題のなかで最も関心が高いのは，当然のことながら，教師・学校教職員をめぐる法と制度の問題であろう。本書がそのような学生の関心を想定して企画されたのはいうまでもないが，皆さんが実際の学校現場に向き合うことになると，この法と制度を教職員側だけでなく，＜子ども・生徒＞の側でとらえ直しておくことがことのほか重要であることに気づく。

1　子ども・生徒をめぐる法的問題──なにが問われてきたか

　では，なぜ，子ども・生徒の側の視点が大切なのか。その理由を次の３点あげることができる。

1　子ども・生徒の人権保障

　第一には，学校生活における子ども・生徒の人権保障が，現代公教育において必須の実践的課題となってきたことである。

　もともと日本の公教育法制においては，学校は，子ども・生徒の教育を受ける権利（憲法第26条）を保障する場であり，子ども・生徒の成長発達を学校，教職員が保障するという予定調和的な関係にあり，どう保障するかという課題はあるもののその関係自体が社会的，法的に問われることはなかったといえる。この関係がおかしくなってきたのは，1980年代の管理・厳罰教育台頭期までさかのぼる。70年代の大学・高校紛争とそれに続く中学生を中心とした非行・校内暴力の激化に対応するため，学校は，80年代に入り子ども・生徒の「児

童指導」・「生徒指導」という名を借りての管理教育・厳罰化を強める。その結果，後述するように子ども・生徒の自由を制限する校則の強化，校則違反への厳罰，体罰の横行，暴力肯定意識のなかでのいじめ，非行の拡大など，生命の安全を含む子ども・生徒の人権問題が社会的に問われるようになったのである。

2 人権・権利を行使する主体としての子ども・生徒

第二には，子ども・生徒が人権侵害から守られる存在であるだけでなく，自らの人権を守り，権利を行使する主体であるという考え方，子ども・生徒観の発展がある。

子どもの権利，人権をおとな・教職員が保障するという予定調和的な関係のなかでは，その保障のあり方を含めて，その主体は主におとな側にあり，おとな側がそのための法や制度を知っておくことで済んでいた。ところがその関係が崩れ，先述の通り学校・教職員による人権侵害性の高い行為を子ども・生徒に向けてしまう時代になってからは，その人権侵害に対して，子ども・生徒が自らの人権を守ろうとして立ち上がるケースも見られるようになった。これをバックアップしたのが，国連子どもの権利に関する条約（以下，子どもの権利条約という）である。1989（平成元）年11月，子どもの権利条約が採択され，1994（平成6）年4月に日本で批准されて国内法となったことから，子どもの意見表明権（条約第12条）や，表現・情報の自由（第13条），思想・良心の自由（第14条）などの市民的権利を子どもが行使することが法的に承認された。そのような子どもの権利条約法制を背景として，1990年代には，子どもの権利条約を学んだ子ども・生徒たちが，自らの権利，人権問題を解決する主体として登場し，管理教育，校則の改善や体罰の抑制，生徒会などを中心としたいじめ克服の活動などを行っていったのである。

3 子ども・生徒の権利の視点にたった子ども法制の確立──縦割り法制の克服

第三には，子ども・生徒をめぐる法・制度と関連して，現行の教育法制，福祉法制，少年法制などの「縦割り」法制度のもとでは解決できない事態が発生

し，それが深刻化してきたことである。

　たとえば，子ども虐待が深刻化し，虐待を受けてきた子どもの相談・救済に関しては児童相談所などの子ども福祉法制が注目されてきた。ところが親による虐待行為によって子どもが不登校に陥るケースも目立つ。そうなれば不登校問題は学校や教育委員会が対応する教育法制上の問題となり，その子どもが不登校中に少年事件を起こせば警察がからむ少年法制上の問題とも重なってくる。一個の人格であり，深く傷ついた人生を背負ってきた子どもの人権侵害の問題に対して，現行の縦割り法制ではこのようにバラバラに対応せざるを得ず，十分その子どもに対応できていない。だからこそ，子どもの権利の視点から人間丸ごとのケアをはかるための総合的，重層的な対応が必要である。

　近年になって「子どもと貧困」の問題が問われている。学校教育を成り立たせる生活条件の土台が崩れようとしているときに，就学援助，奨学金制度などの教育法制上の対応には限界があり，子ども福祉法制との融合が実際上の課題となる。そこでは，総合的な教育福祉法制化（たとえば「認定こども園」など）や子ども・生徒の人権保障のための法制化（たとえば「子どもの権利基本法」の制定）などへの展望をもって法と制度の有り様を検討していくことが求められている[1]。

2　学校と子ども・生徒の人権
——管理・厳罰教育といじめ・体罰問題を見直す

　上記の通り，現代日本の公教育においては，子ども・生徒の教育と生活，ケアなどに関する総合的な子ども法制の整備が急務となっている。では現代において子ども法制を今後整備していくに際してはなにが基本問題となるのか。法的問題としてなにが問われてきたのか。教職をめざす学生にとって学ぶべき典型的な事例として，1980年代以降問われてきた〈学校と子ども・生徒の人権〉問題，とくに管理・厳罰教育の問題といじめ自殺の問題について考えてみたい。

1　管理・厳罰教育からゼロ・トレランスへ

　先述した「学園紛争」「校内暴力」問題に対して，多くの学校はこれを子ど

も・生徒の「甘やかし」「わがまま」と考えて押さえ込み，規制していくために，厳罰・管理教育に走った。1980年代の学校は，生徒の「身勝手な行動」の規制と称して校則・規則を強化し，違反生徒の処分（「自主退学」という名目の事実上の退学処分など），「厳しい生徒指導」という名の体罰の公然化など管理・厳罰教育を強力に推し進めてきた。とくに1981（昭和56）年に言い渡された水戸五中生徒体罰死事件に関する東京高裁判決，いわゆる「愛のムチ（＝体罰肯定）判決[2]」以降は，体罰に歯止めがかからなくなり，1980年代後半には，生徒の体罰死事件が相次ぐ事態になった（1985年岐阜県立高校生体罰死，1986年石川県中学生体罰死，1987年川崎市小学生体罰死など）。

その後，1990年代前半は，子どもの権利条約の登場と子ども・生徒による「権利行使」の成果によって，管理・厳罰教育に歯止めがかかったようにみえたが，90年代の後半に入ると相次ぐ少年事件の影響もあり，再び「甘やかし」批判や管理・厳罰教育が対応することとなり，これが政策，法制にまで影響を及ぼすことになる。

1990年代の後半，中学生による神戸の小学生殺傷事件（1997年）や栃木・黒磯北中学校におけるバタフライナイフ・女教師殺傷事件（1998年）など，不幸な少年事件が相次いだ。これを契機としてメディア等を通じて「14歳問題」「少年事件の凶悪化」キャンペーンがはられ，おとな社会に中学生世代への不信感が高まり，犯罪被害への不安感の世論に押されて，ついに2000（平成12）年に少年法が改正された。この改正では，中学生世代に対する厳罰化に重きが置かれ，「刑事処分可能年齢」の「16歳から14歳への引き下げ」，さらには14，15歳でも家庭裁判所が刑事処分相当と認めた場合には検察官送致が可能となる法改正がなされ，2001年4月に施行された。この厳罰化の傾向は，その後さらに低年齢化し，2007年5月には，長崎の小学生による幼児殺傷事件などの影響もあり，現行法では14歳以上とされている矯正施設，少年院への送致年齢を「おおむね12歳以上」に引き下げ（「おおむね」は「一歳程度の幅」を含むという政府答弁あり），小学5，6年生も容赦なく少年院に入所させる，という厳罰主義的な少年法改正にまで至った。

2　教育におけるゼロ・トレランスの進行

　2006年の秋には,「いじめ自殺」問題が再び社会問題化したことを契機として, 当時の第一次安倍政権下の教育再生会議が, 問題を起こす子どもに対する「懲戒基準の明確化」「毅然たる対応」(2006年11月「いじめ問題への緊急提言」),「毅然たる指導のための法令, 通知の見直し」(2007年1月「第一次報告」) を提起し, これを受けた文部科学省は2007年2月5日の通知「問題行動を起こす児童生徒に対する指導について」(以下,「文科省2.5通知」という) で, 毅然たる対応の一環としての事実上「体罰」(「有形力の行使」) を容認し,「特に校内での傷害事件をはじめ, 犯罪行為の可能性がある場合には, ……直ちに警察に通報し, その協力を得て対応する」,「いじめや暴力行為など問題行動を繰り返す児童生徒に対し……出席停止制度を採ることをためらわずに検討する」とし, 躊躇せずに警察との連携や出席停止をとることを求めた。

　このような日本における厳罰主義の政策と法制の展開は, アメリカをはじめとした「ゼロ・トレランス」(Zero Tolerance) の流れのなかにあるといわれている。トレランス (Tolerance) とは, 寛容という意味であり, したがってゼロ・トレランスは寛容ゼロの厳罰・規律主義 (以下, 単に「ゼロ・トレランス」と呼ぶ) の方針・手法をさす。

　日本の管理・厳罰教育は, 1980年代に全盛期をむかえたが, 2000年代のそれが少年法改正などの法制化, 政策的に打ち出されたゼロ・トレランスの進行という点で相対的に区別できる。かつての管理・厳罰教育はこれを実践的に克服することが主要な課題 (たとえば体罰に代わるしつけ教育論など) であったが, 2000年代の厳罰主義, ゼロ・トレランスに対しては, それだけでなく子どもの権利条約など子どもの人権保障に依拠した「子ども支援主義の政策」, 法制的な歯止めと対応が欠かせない時代となっている[3]。

3　いじめ防止対策推進法の成立

　教育におけるゼロ・トレランスは, 2013 (平成25) 年6月に成立した「いじめ防止対策推進法」(以下,「いじめ対策法」という) でさらに強化された。

いじめ対策法の基本的な性格は，一言でいえば，法律をもっていじめ対策への国家介入をはかることであった。2012年7月に社会問題化した「大津の中学生いじめ自殺事件」(2011年10月発生)を契機として，学校，教育委員会への国民の不信感が高まるのを受けて，いじめ防止は政治的な課題となった。2012年暮れの総選挙で大勝した第二次安倍政権下の教育再生実行会議は，2013年2月26日，「いじめ問題等への対応について（第一次提言）」を公表し，いじめ防止策として，道徳の教科化，いじめに対峙していくための法律の制定，いじめに向き合う責任のある体制の構築，いじめている子への毅然として適切な指導などを提言した。この教育再生実行会議の「いじめに対峙していくための法律の制定」を受けて，いじめ対策法が成立したのである。

いじめ対策法は，家庭や学校に対して規範・道徳教育の強制，教育委員会には，出席停止措置の強化などの厳罰化を求めた。その方針は従来からの文科省の方針（先述した文科省2.5通知など）ではあった。ただし，これまでの文科省通知レベルでなされてきた対策が法律になったことでの影響は大きいといえる。とくに，今回いじめ対策法で規定されている「出席停止」（第26条），「所轄警察署と連携」「所轄警察署に通報」（第23条第6項）などは，かつて文科省2.5通知のレベルを超えていると考えられる。今回各地方公共団体に設置が予定されている「いじめ問題対策連絡協議会」の構成団体にも「都道府県警察」（第14条第1項）が明記されており，法律上の根拠をもって学校現場に警察が介入してくる恐れがある。また，「出席停止」についても同法第25条で，「いじめを行っている場合」「教育上必要があると認めるときは，学校教育法第11条の規定に基づき……懲戒を加えるものとする。」との懲戒義務を課しており，この懲戒行為は，高校の場合は，退学処分，停学処分等の法規的な裁量をともなう行政処分に発展する可能性をもっている（事実，2013年4月，東京都は「生活指導統一基準」でいじめ対策としての停学，退学を基準化した）[4]。

4　厳罰化と学警連携の問題

ところで，ゼロ・トレランスは，たとえ軽微なものであれ，違反行為を犯し

たものは，非寛容で容赦なく，「公平」に厳格に処分を科す，という手法である。上記のような厳罰主義の法制化は，高校生徒指導におけるゼロ・トレランスとして，一律機械的な処分が横行し始めた。そこでは，「いじめ＝犯罪」観の下で，生徒処分と警察通報・連携を強調する実践論とも連動していくことになる。

「1－2人のごく少数の悪徳非行生徒を，そのまま放置しておけば，その学校規律は乱れてしまう」。だから「それらの問題生徒を直ちに指導し立ち直らせることが，学校の規律維持のために必須」であり，「このような問題生徒を学校の教師が指導できないときには，学校外の権力によって指導されなければなりません。このようなとき警察権力の助力を仰ぐことは当然のことです」[5]。

このような学校と警察の連携論は，学校と警察との基本的な機能，役割の違いを自覚していない短絡的な考え方であるといわざるを得ない。学校の機能は，人間信頼を土台として成り立っている営みであり，これに対して警察の機能は，犯罪取締りという職務上，人を疑うことで成り立っている営みといえる。その人間観の違いを無視して，教員が指導できない部分を直ちに警察にゆだねるというのはあまりに無謀な話といえる。

先の文部科学省2.5通知では，「犯罪を犯す可能性のある生徒」に対して，警察への通報と協力を得ることをうたっているが，そこではいままでの日本の教育の流れとは明らかに異質な性格が顕れている。これまで日本の学校は，軽犯罪などを含めて「問題行動」を起こす生徒に対しては，あくまで学校独自の生活指導（「特別指導」等）で対処していくことを基本にし，けっして「生徒を警察に売る」ようなまねはしなかった。明らかに法に触れる犯罪行為として警察に通報せざるをえない場合においても"心の痛み"を感じていたはずである。なぜなら，警察にゆだねること自体が"学校教育の敗北"にほかならなかったからである。

教育は本質的には非権力の作用である。教育活動は，教師のもつ教育的，文化的専門性の高さ，深さへの共感，あるいは子どもと教師との人間的な信頼関係と学びあいのなかで自発的な学習意欲をもって成り立つ営みである。日本の学校は，「問題行動」に対して，あくまでそのような非権力の場として子ども

の立ち直りを支援する役割を担ってほしい。学校が，警察と連携することで権力機関と化すことは絶対に避けなければいけない。

5 出席停止，退学・停学問題と懲戒手続きの問題

また，いじめ対策法にみられるゼロ・トレランスには，多数の生徒の学習環境維持のために違反生徒の切り離し（退学，停学，出席停止など）をはかり，代替的なケアで補填するという特徴がある。大多数のまじめな生徒が犠牲にならないように……一部の問題生徒は排除する。こういう考えは一般的には支持されやすい。高校以上で行われてきた退学，停学処分や，義務教育学校での「出席停止」はそのような側面での正当性が主張されてきた。

そこでゼロ・トレランスの問題として問われているのが，懲戒処分を決める際の適正手続きの問題である。すなわち，手続きを一切無視して一律に科すという手法上の問題である。子どもの権利条約の第12条（子どもの意見表明権の保障）の第2項では，懲戒処分を含めて自己に影響を与える行政措置等の手続きにおいて，当該子どもに対する聴聞の機会の確保が義務づけられている。ゼロ・トレランスが発生したアメリカは，193カ国（2014年2月現在）が締結しているこの条約を未だ批准していない。そのことが適正手続きの例外措置をとれた理由ともいえる。しかし日本も含め条約締結国は，この条約を忠実に実行し，遵守していかなければならない。日本政府は，学校懲戒処分についても子どもの聴聞の機会の確保など適正手続きを満たしていく必要がある。文部省は，この条約（第12条第2項）を受けて，1994（平成6）年5月20日に文部事務次官通知を発出し，「退学，停学及び訓告の懲戒処分は真に教育的配慮をもって慎重かつ的確に行われなければならず，その際には，当該児童，生徒等から事情や意見をよく聴く機会を持つなど児童生徒等の個々の状況に十分留意し，その措置が単なる制裁にとどまることなく真に教育的効果を持つものとなるように配慮すること」（第3項）を指示した。なお，学校懲戒処分の適正手続きとしては，厳密には，生徒の弁明，聴聞の機会の確保のほか，①懲戒基準そのものが公正であること，②その基準と措置が前もって生徒や保護者に知らされていること，

③懲戒の理由について文書で事前に知らされていることなどが最低条件である。

6 教師，親による体罰の禁止

教育のゼロ・トレランスの影響下（直接には文科省2.5通知）で，2013（平成25）年1月には大阪市立桜宮高校で体罰が原因となった生徒自殺が起きた。1980年代に全盛期を迎え，いったんは条約批准などにより1990年代には下降線を示していた体育会系教員による体罰の復活である。

体罰は，本質的には「暴力」行為であり，人権侵害行為である。目的（教育・しつけ等）によっては許されるとか，誰によるか（親・保護者）によっては許される，という性質のものではない。体罰はまぎれもなく憲法で定めた基本的人権，すなわち身体・生命・生存権などを侵害する暴力行為である。しかも日本の公教育を担う教師は，学校教育法第11条但し書き規定により，体罰が明確に禁止されている。しかしこのような法制下にあっても体罰を理由とした教師の懲戒処分はあとを絶たない。

では，学校における教師の体罰がなくならないのはなぜか。

①「親に代わって躾として行う体罰＝親代わり」論

第一には，体罰は，「懲戒」（叱る行為）であって，子どもの基本的生活習慣の乱れを正すのに有効であるという考え方である。とくに生活訓練・躾重視の生徒指導の延長として体罰を是認する風潮が生まれている。教師にとって，そのような「懲戒」行為は，親が本来すべき行為を教師が肩代わりしている，という発想を広げていくことになった。1995（平成7）年に，福岡県の近畿大付属女子高校で起きた「女子生徒体罰死」事件には，こうした「体罰＝親代わり」論が背景にあったといわれている。

②「体罰＝教育方法」論

第二には，体罰は，しつけだけでなく教育一般論としても教育方法的に効果があるという考え方が残されてきた（近代教育思想家，たとえばジョン・ロックなどの教育論にも体罰を教育方法として有効ととらえている傾向があった）。このような考え方は，日本ではとくに体育・スポーツ部活系の教師の認識として広がって

いる。これを追認した司法の動きとして，法で禁じられた体罰にはあたらない教育上効果ある「有形力の行使」を認めた判例（前掲・水戸5中体罰死事件東京高裁判決等）がある。

③「管理教育」論

近年の学校における校則違反の取締りの手法として，とくに子ども・生徒のいじめ・暴力の増加などから，「校内暴力」「学級崩壊」などに対して，＜力には力で＞という権力的な管理手段や，一般的な学校秩序維持・管理強化の手段としても戒め的な体罰を容認する傾向が生まれている。

④「学校・教師の人権感覚」論

①～③全体ともかかわり，体罰肯定に意識づけられていく教師の「人権感覚」「人権意識」の低さ，学校社会の人権感覚の欠如，「人権を通じての教育」（国連・人権教育の10年行動計画（1995～2004年）：教育方法の人権性）への視点の欠落等があげられている。この傾向は，教員養成段階での人権教育，憲法教育の不徹底さや，人権軽視の学校管理優先政策によって作り出されてきたものである。

とくに，体罰の教育方法・教育的効果論（①②）とかかわり，子ども・生徒側の体罰肯定意識の強さも気になる。そこに「愛のムチ」論が入り込むような問題点が含まれている。体罰を愛情と受け取ってしまう子どもの心の「貧困」の問題である。痛い思いをしても「無視されるよりはまし」と体罰を肯定する子どもたちの疎外感，関係不全感は深刻である。それこそが"体罰に代わる豊かな人間関係・教育関係づくり"の実践が求められるゆえんであろう。

なお，子どもの権利条約第19条では，親による体罰を明確に否定している。親の体罰は，子どもへの虐待の温床となっていることから，国連は，日本を含めて締約国に対して，体罰全面禁止の立法措置をとることを求めてきた。現在国連の勧告に従うなどして36カ国（2013年現在）が親の体罰を含む体罰の全面禁止の法改正を行ってきた。日本は，2010年6月11日に体罰全面禁止の法制化について国連から「強く勧告」を受けている[6]。

7　いじめと子ども・生徒の権利救済

　日本でいじめ問題が社会問題として関心を集めたのは，1986（昭和61）年に起きた東京都中野区の富士見中学校いじめ自殺事件からである。それ以来，いじめ自殺事件は，1994（平成6）年の愛知県西尾市の東部中学校いじめ自殺事件，そして北海道滝川市江部乙小学校いじめ自殺事件（2005年9月），2006（平成18）年秋に連鎖的に起きた福岡県筑前町三輪中学校いじめ自殺事件，岐阜県瑞浪市中学校いじめ自殺事件など，さらには先述した2012（平成24）年7月の大津いじめ自殺事件などが社会的に関心を呼んだ。

　こうしたいじめの社会問題化は，1980年代以降の管理・厳罰教育の徹底化による校内の抗し難い権力関係の形成と無縁ではない。この管理・厳罰教育の徹底によって学校社会における子どもの自治が急速に衰退するとともに，子ども・生徒の受身的姿勢と自己肯定感（セルフ・エスティーム＝自尊感情ともいう）の低下をもたらした。いじめ自殺は，こうした抗し難い権力関係のなかで増幅され，子ども社会における自治力の低下にともなういじめ規制力の喪失と，いじめを受ける子どもの尊厳，自己肯定感の低下による抵抗力，回復力の喪失によって，子どもたちは自己不信から自己否定＝自死へと追い詰められていった。

　このようにして深刻化した「いじめ被害」は，暴行・傷害などによる生命権，身体権，自由権の侵害，略奪・持ち物の毀損などによる財産権の侵害，精神的な攻撃による名誉権，人格権，プライバシー権の侵害など，基本的な人権，人間の尊厳を脅かすものとなった。その渦中にあっても多くの子どもたちは，精神的な攻撃による自尊感情の破壊など，自己不信そして自己否定へと追い詰められ，「自分がのろいからいけない」「自分がしっかりしていないからいじめられる」と自分を責め続け，いじめの不当性，権利侵害性，相手が悪いということに気づかず，したがって助けを求めることができなかったのである。

　とくに教育界が，権利侵害性を基盤とした被害者救済のための根本的な解決を怠ってきたことは大きい。権利侵害としてのいじめへの気づきは，子どもの人権教育や子ども期にこそ学ぶべき「子どもの権利」＝権利学習の展開にこそ求められる。そのことによって，子どもたち自身が権利を実現する「解決主体」

であることを認識して，いじめ問題に向き合っていくことができる。また，権利救済のしくみを考えていく際には，いじめを「権利侵害」と認識できてこそ，はじめて権利侵害する側が悪いこと，「助けを求めていいんだ」ということに気づく。それが「いじめ救済」の出発点となることに留意したい。

　いじめ自殺問題など，とくに救済面からみると，こうした権利学習の視点の欠落に加えて，いじめ実態の把握の困難性という点で学校の限界はさらに明確である。「いじめなど自分が生活上の悩みを抱えたときにはだれに相談しますか？」。子どもたちへのこういう問いかけは多くの意識調査に見られるが，概して教師に相談する子どもは少ない。たとえば川崎市子どもの権利委員会の「子どもの権利に関する実態，意識調査」(2005年)では，友達80％，親60％，兄弟25％に対して，教師は13％にとどまる。この事実は子どもが安心して自分の悩みを打ち明け，相談できる条件が学校や教師から欠落していることを物語っている。もちろん，いじめ対策法では，それを見越して，スクールカウンセラーやスクールソーシャルワーカーなど子ども支援職（心理・福祉職）配置の強化が図られようとしている。またそれだけでなく，いじめの救済のためには，学校だけで対応するのではなく，地域・民間団体や自治体の相談救済システムとの協働が不可欠である。その点では兵庫県川西市の「子どもの人権オンブズパーソン」，埼玉県子どもの権利擁護委員会など30近くの自治体で設置されている公的第三者権利擁護機関による相談，調査，関係調整の役割が重要である。また，権利学習やそれにともなう子どものエンパワーメントについては，学校側の取り組みの立ち遅れとは裏腹に，これを進めてきたCAPやチャイルドラインなど子どもNPO，民間での取り組みが注目されている[7]。

3　子ども・生徒の人権を保障する法と制度
──子どもの権利条約法制に学ぶ

　子ども・生徒の人権保障の大切さ，とくに権利行使主体として子どもの人権を考えること，さらにその保障される領域を学校だけでなく家庭や地域・自然環境，福祉や医療・保健などに広げて総合的な保障をめざすこと，そのような

現代的な課題に取り組んでいく法的基盤として，子どもの権利条約法制がある。
　2014 (平成 26) 年は，国連が子どもの権利条約を採択 (1989 年) して 25 年，日本が批准 (1994 年) して 20 年目となる。子どもの権利条約は，現在 193 という人権条約上も最大の締約国数をかかえた条約 (アメリカ，ソマリアおよび南スーダンを除く) であり，子ども・生徒にとっては，日常生活に欠かせない子ども期の人権章典である。この条約は，とくに日本ではどのような役割を果たしているのだろうか。その現代的な役割，意義について述べておきたい[8]。
　この条約は 54 カ条から構成され，前文，本文＝実体規定 (第一部・第 1 条〜第 41 条)，条約の広報・監視・実施措置 (第二部・第 42 条〜第 45 条)，発効・批准等の最終条項 (第三部・第 46 条〜第 54 条) に分かれる。

1　子どもの定義と高校生の政治活動

　条約の適用対象である「子ども」の定義は，第 1 条で「18 歳未満のすべての者」とされている。この条約では「何歳から」という下限規定は示されていない。これは制定時に「中絶」問題について議論があり，前文に「出生前後に，適当な子どもの法的保護を含む……を必要とする」(出世前＝胎児の権利保障) と記して妥協した経緯がある。
　18 歳未満という上限規定については，日本の「20 歳成人」制度との調整が必要であり，現在「18 歳選挙権」の導入が議論されている。18 歳は高校 3 年生で到達することから，高校生の選挙権行使と政治活動の自由が積極的な議論の対象となろう。

2　条約実施の監視

　条約の実施については第 4 条で締約国の義務が定められ，第 43 条以降に「実施」の監視機関として「子どもの権利委員会」の設置と運用規定が定められた。締約国は，条約発効後 2 年以内，その後は 5 年ごとに国連子どもの権利委員会による「報告審査」を受けなければならない。2010 (平成 22) 年 6 月 27 日に，日本政府に対する第 3 回報告の勧告が行われた。前 2 回の勧告とともに，日本

政府が締約国として十分な実施の努力をしてこなかったことが問われている。

3　条約が保障する子どもの権利

総則的な権利規定としては，「差別の禁止」（第2条），「子どもの最善の利益」（第3条），「生命・生存・発達の保障」（第6条），名前・国籍を得る権利（第7条）などがある。国連・子どもの権利委員会の「ガイドライン」では，子どもの意

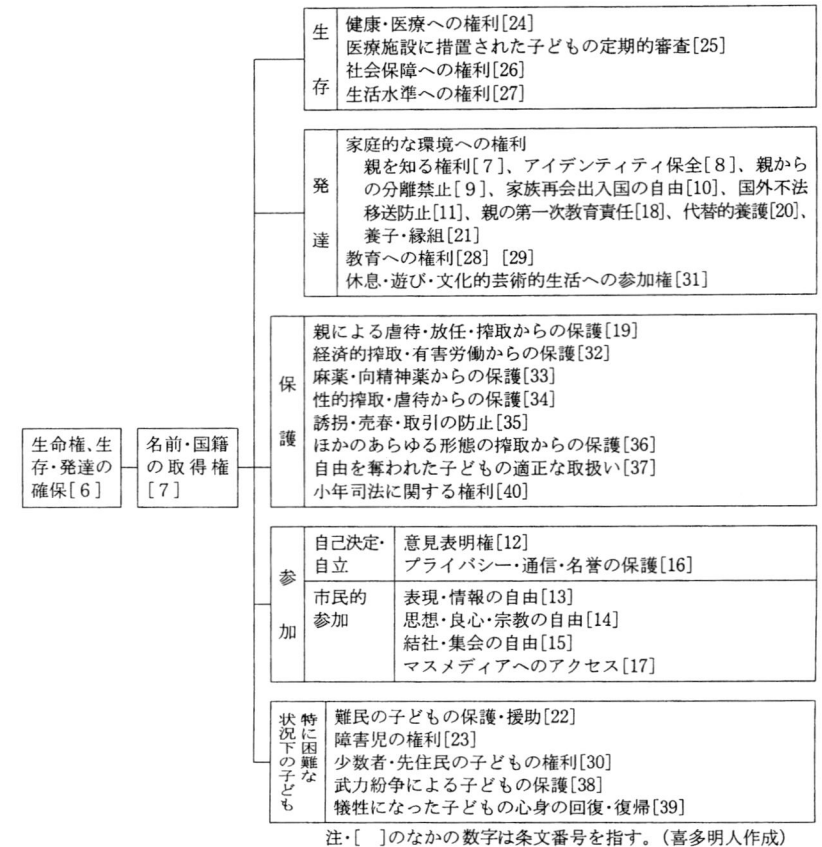

生命権、生存・発達の確保 [6]	名前・国籍の取得権 [7]	生存	健康・医療への権利 [24] 医療施設に措置された子どもの定期的審査 [25] 社会保障への権利 [26] 生活水準への権利 [27]
		発達	家庭的な環境への権利 　親を知る権利 [7]、アイデンティティ保全 [8]、親からの分離禁止 [9]、家族再会出入国の自由 [10]、国外不法移送防止 [11]、親の第一次教育責任 [18]、代替的養護 [20]、養子・縁組 [21] 教育への権利 [28] [29] 休息・遊び・文化的芸術的生活への参加権 [31]
		保護	親による虐待・放任・搾取からの保護 [19] 経済的搾取・有害労働からの保護 [32] 麻薬・向精神薬からの保護 [33] 性的搾取・虐待からの保護 [34] 誘拐・売春・取引の防止 [35] ほかのあらゆる形態の搾取からの保護 [36] 自由を奪われた子どもの適正な取扱い [37] 少年司法に関する権利 [40]
		参加	自己決定・自立：意見表明権 [12]／プライバシー・通信・名誉の保護 [16] 市民的参加：表現・情報の自由 [13]／思想・良心・宗教の自由 [14]／結社・集会の自由 [15]／マスメディアへのアクセス [17]
		特に困難な状況下の子ども	難民の子どもの保護・援助 [22] 障害児の権利 [23] 少数者・先住民の子どもの権利 [30] 武力紛争による子どもの保護 [38] 犠牲になった子どもの心身の回復・復帰 [39]

注・[　]のなかの数字は条文番号を指す。（喜多明人作成）

図 4.1　条約にみる子どもの権利内容の構成

出所：永井憲一ほか監修『子どもの人権大事典』エムティ出版，322 頁

見表明権（第12条）も基本的な権利として認識してきた。条約上の子どもの権利の内容については，条約の実施・普及の推進に責務をもつユニセフ（第45条）が，「生存の権利」「発達の権利」「保護の権利」「参加の権利」に分類することを提唱してきた。その分類に従った権利の体系は図4.1のとおりである[9]。

4　子ども・生徒の意見表明・参加と自己形成への権利

このなかで，日本では第12条の「子どもの意見表明・参加権」について注目が集まっている。この権利は，第13条の表現の自由などとは区別されて，自身の生活にかかわる子どもの意思を尊重することを明記したものであり，第8条のアイデンティティの権利や，第17条プライバシーの権利，第31条の遊びの権利，文化・芸術への権利などとともに，子どもが人間として「自己形成」をはかるために欠かせない権利を定めたということができる。

とくに欧米では，子ども・生徒が参加する「学校協議会」などが一般的であるが，日本では，学校（運営）における子ども・生徒参加はまだまだ十分とはいえない[10]。

日本ではおとな優先社会と少子化時代のなかで，子どもが「身近なおとな」（親や教師）の願いや要求に合わせすぎて，自己の存在感を失いつつある。これを臨床心理では「偽りの自己の形成」といっている。存在感のバロメーターである自己肯定感は下がり続け（肯定率4～5割程度），アメリカや中国（7～8割程度）などに比べても30％以上の開きができた。そのようななかで，条約が示してきた子どもの「自己形成」への権利の保障が切実な実践課題になっている。

5　子どもの権利条約と子ども・若者ビジョン

2010（平成22）年7月23日には，子ども・若者育成支援推進法（2009年法律第71号）第8条第1項の規定に基づき，内閣府の子ども・若者育成支援推進本部は，「子ども・若者ビジョン～子ども・若者の成長を応援し，一人ひとりを包摂する社会を目指して～」を決定した。この「子ども・若者ビジョン」では，「子ども・若者が，社会とのかかわりを自覚しつつ，自尊感情や自己肯定感をはぐ

くみ，自立した個人としての自己を確立するとともに，社会との関係では，適応するのみならず，自らの力で未来の社会をよりよいものに変えていく力を身に付けることができるよう，健やかな成長・発達を支援します。」とある。

　同ビジョンでは，「第２　基本的な方針」の「１　５つの理念」において，「子ども・若者の最善の利益を尊重－日本国憲法及び児童の権利に関する条約の理念にのっとり，子ども・若者の個人としての尊厳を重んじ，発達段階に応じてその意見を十分尊重するとともに，その最善の利益が考慮されることが確実に保障されることを目指します。」とし，「子ども・若者は，大人と共に生きるパートナー―子どもや若者を大人とは一段下の存在として位置づけるのではなく，また逆に，子ども・若者を甘やかすのでもなく，子ども・若者と大人がお互いに尊重しあいながら，社会を構成する担い手として共に生きていくことを目指します。」と宣言した。

　このビジョンに依拠して，今後，子ども・生徒の人権保障を進めていく子ども政策，法と制度の構築がはかられていくことが期待されている。

【喜多　明人】

注
（１）　詳しくは，子どもの権利条約総合研究所編『子どもの権利研究―子どもの権利基本法の提言』17号，日本評論社，参照のこと。
（２）　水戸市立第五中学校の体育教師による殴打・死亡事件に関して，1981年東京高裁判決では，「体罰に当たるか否かは客観的に判断する」ことを前提としながら，「一定の限度内での懲戒のための有形力（目に見える物理的な力）の行使が許容される」と判断し，学校教育法第11条で禁止されたいわゆる「法禁体罰にあたらない体罰（有形力の行使）を認めたことで，「愛のムチ」判決といわれる。
（３）　詳しくは，藤田英典『誰のための「教育再生」か』岩波書店，2007年，および，子どもの権利条約総合研究所『子どもの権利研究―岐路に立つ子ども政策』13号，参照のこと。
（４）　詳しくは，子どもの権利条約総合研究所『子どもの権利研究―いじめ防止特集』23号，2013年参照のこと。
（５）　加藤十八編著『ゼロトレランス―規範意識をどう育てるか』学事出版，2006年
（６）　詳しくは，子どもの権利条約総合研究所編『子どもの権利条約ガイドブック』日本

評論社，2011年参照のこと．
（7）　詳しくは，喜多明人ほか編著『子どもにやさしいまちづくり　第2集』日本評論社，2013年，参照のこと．
（8）　詳しくは，喜多明人ほか編『逐条解説子どもの権利条約』日本評論社，2009年などを参照されたい．
（9）　詳しくは，喜多ほか編『【逐条解説】子どもの権利条約』日本評論社，2009年参照．
（10）　喜多明人ほか編『子どもとともに創る学校』日本評論社，2006年，参照のこと．

考えてみよう

1．なぜ，日本の子どもの自己肯定感が低下してきたのか．その理由について考えてみよう．
2．1986年にいじめ自殺が東京で起きてから四半世紀（25年）以上，学校や教育委員会は全力でいじめ対策に取り組んできたはずなのに，なぜ深刻化しているのか．
3．よく「言い聞かせてもわからない」子どもには，体罰でしつけることも必要，という意見があります．乳幼児期の子どもへの体罰は許されるのかどうか．

参考文献

喜多明人・森田明美・荒牧重人他編『子どもの権利―日韓共同研究』日本評論社，2009年
喜多明人・森田明美・広沢明・荒牧重人編『逐条解説　子どもの権利条約』日本評論社，2009年
子ども権利条約総合研究所編『子どもの権利学習ハンドブック』日本評論社，2010年
子ども権利条約総合研究所編『子どもの権利条約ガイドブック』日本評論社，2011年
荒牧重人・喜多明人・半田勝久編『解説　子ども条例』三省堂，2012年
喜多明人他編『子どもにやさしいまちづくり―第2集』日本評論社，2013年
荒牧重人・喜多明人・森田明美編『子どもの権利　アジアと日本』三省堂，2013年
子どもの権利条約総合研究所編『子どもの権利研究』日本評論社，1～23号

第5章　教師をめぐる法と制度

はじめに

　教師に関する法制度は，教育基本法，学校教育法，地方教育行政の組織及び運営に関する法律，教育職員免許法，教育公務員特例法など多岐にわたるが，本章は教員の養成・免許，採用，研修制度について概説し，その基本原理と現状の理解を深めることを目的とする。

1　教員の養成・免許制度

1　戦後教員養成の二大原則

　教師は，専門職の資格を公証する教員免許状を所有することを前提にして任用され，子どもの学習により発達する権利の保障を本質的な職務としている。戦後日本の教員養成制度は，第二次世界大戦後の教育改革の進展によって，「大学における教員養成」と「免許状授与の開放制」という二大原則のもとに成立し，現在に至るまで展開されてきた。この原則は，戦前の師範学校を中心にした教員養成に対する批判と反省のもとに，戦後教育改革による新制大学の発足と教育職員免許法（以下，「免許法」という。）の成立によって確認され，その後の法改正を経ながら，現在も基本的に維持されているが，1990年代以降の最近の教員政策によって新しい状況に直面している。

　「大学における教員養成」は，学術研究の中心であり同時に高等教育機関としての大学教育をとおして，教職志望者の学識専門性と人間性の育成をめざす制度原則である。「免許状授与の開放制」は，「大学における教員養成」により所定の基礎資格を充足する者には，国公私立いずれの大学の卒業生にも平等に教員資格を認定する制度原則である。

戦後教員養成制度の成立当初は，各大学の教職に関する教育課程の編成を基礎として，法令上の免許基準を充足すれば免許状が授与される，「完全な開放制」であったが，免許法1953年改正によって，各大学の教職に関する教育課程は文部大臣（文部科学大臣）による「教員養成の課程認定」を受けるしくみに変わり，この課程認定行政は現在も継続されている。

2 教員免許制度の基本原理

教員の職務の本質は，教科の学習指導や生活指導等を通じて，子どもの学習権を保障することにあるから，専門職としての教員の資質向上・維持を目的とする教員免許制度が確立されている。校長・教員の資格については，積極的要件としての免許資格と消極的要件としての欠格条項が法定されている（学校教育法第8条，第9条）。

教員免許状については，国が免許基準を法定し（免許法・同施行規則），その基準を充足する大学等の学士課程および教職課程の履修要件を修了した者に資格が認定され，都道府県教育委員会が免許状を授与する。戦後の教員免許制度は，新学制による新制大学の発足と教育立法の法律主義の原則にそって，教員資格を公証する基準を定める法律としての免許法の制定（1949年）によってその基本が確立された。制定時の免許法の基本理念は，①教職の専門性の確立，②免許状主義の徹底，③大学における教員養成，④免状授与の開放制と合理性，⑤現職教育の尊重，ということであった。

免許法の施行後，新制大学の卒業者が教職に就き始めた1953（昭和28）年以降，小学校等の教員構成に占める大学卒業者の比率が高まり，教員組織の学歴構成を変化させた。免許法は，今日に至るまで改正を重ねてきた。その主な改正は，①免許法1953年改正による課程認定行政の導入，②免許法1954年改正による暫定的措置であった仮免許状の廃止，校長・教育長・指導主事の免許状の廃止，任用資格への転換，③免許法1973年改正による教員資格認定試験合格による小学校教員普通免許状等を授与する制度の導入，④免許法1988年改正による普通免許状の学歴別種別化（専修免許状：大学院修士修了程度，1種免許状：大学卒

業，2種免許状：短期大学卒業，15年以内の1種免許状の取得義務），大学における教員養成の例外措置としての特別免許状および特別非常勤講師制度の創設，⑤免許法2000年および2002年改正による特別免許状の授与方法の弾力化と有効期限の撤廃，⑥免許法等2007年改正による普通免許状および特別免許状に一律10年の有効期限を付す免許更新制の導入，免許更新講習の修了認定による有効期限の延長，である。

3 教員免許更新制の導入
(1) 教員免許更新制の導入経緯

上記の法改正のうち，教員免許更新制の導入は，日本の教員養成・免許制度の歴史的，構造的な改編といえる制度改革であり，2009年4月から本格実施されている。

教員免許更新制は，1990年代以降，政府・財界が推進してきた「行政改革」「構造改革」の一環としての「教育改革」，とくに「教員の資質向上策」として位置づけられ，教育基本法の全面「改正」(2006年12月)を具体化する教員政策として導入された。教育基本法2006年全面「改正」により，教師の職務の性質としての「全体の奉仕者性」(旧法第6条)，「国民への教育の直接責任性」(旧法第10条)の規定が削除され，「教育は，不当な支配に服することなく，この法律及び他の法律の定めるところにより行われるべき」(第16条第1項)とされ，教師の職務の性質に大きな変化が生じた。

教員免許更新制の導入にあたり，政府・与党は，不適格教員の排除を直接の目的とするものではなく，教員の専門性の向上を目的とするものであることを強調したが，この制度のしくみと機能については多くの疑念が表明されてきた。

教員免許更新制の導入を最初に提案したのは，首相の私的諮問機関としての「教育改革国民会議」最終報告(2000年12月22日)であったが，その後中教審の審議に付された結果，中教審答申「今後の教員免許制度の在り方について」(2002年2月21日)は，「免許更新制を導入することは，なお慎重にならざるを得ない」として導入を見送った。しかしその後，①政府の財政構造改革に対し

て義務教育費国庫負担制度の存続を主張していた文部科学省の「義務教育の改革案」(2004年8月10日)，②財界の「教育改革」提言，たとえば日本経済団体連合会「これからの教育の改革の方向に関する提言」(2005年1月18日)，③内閣府に設置された規制改革・民間開放推進会議の第三次答申(2006年12月25日)で相次いで教員免許更新制の導入が提案され，「教員の資質を欠く場合の分限免職を行う上での要素として活用可能な制度とすべき」だというように，不適格教員のチェック機能を発揮する制度への期待が表明されてきた。これらの政策提言が合流するかたちで，中教審答申「今後の教員養成・免許制度の在り方について」(2006年7月11日)が改めて免許更新制導入を提案し，これを受けた第一次安倍内閣のもとで2007(平成19)年の第166回通常国会において，教育基本法の全面「改正」を具体化する「教育関連三法案」(実質的には四法案)が可決・成立し，免許更新制が導入されることになったのである。

(2) 教員免許更新制のしくみと問題点

　教員免許更新制は，次のような制度的要素から構成されている。①教員の普通免許状および特別免許状の有効期限を一律10年とする(免許法第9条1項，2項)，②有効期限内に免許状更新講習を修了した者，または免許状更新講習を免除される者(優秀教員表彰者，校長，教頭，主幹教諭，教育長，指導主事，社会教育主事，教育委員会の学校・社会教育に関する専門的事項の指導等に関する事務に従事している者，更新講習の講師)は，新たに有効期限が更新される(同法第9条の二第3項)，③更新講習を受講・修了しなかった場合，その免許状は失効する，④現職教員等がこれまで取得した免許状は旧免許状とし，有効期間は定められない(免許法附則第2条第1項，第3項)，⑤旧免許状を有する教育職員等は修了確認期限までに免許状更新講習を受講し，都道府県教育委員会による更新講習修了の確認を受けなければならない(同条第3項，第2項，免許法施行規則附則第5条)，⑥免許更新講習の修了確認を受けなかった場合は，所有する免許状は失効する(同条第5項)，⑦失効した免許状は，返納しなければならない(同条第6項)，返納しなかった場合は，10万円以下の過料に処せられる(同法附則第4条)。

　このような免許更新制について，法制上の主な問題点として，①有効期限が

付与されていない現職教員等の旧免許状の有効期限を免許法改正によって遡及的に定めたことの必要性と合理性，③免許更新講習の受講対象者と免除者の選別は，地方公務員法上の「公平取り扱い原則」に反する措置にならないか，④免許更新講習の実施に関し，法令による内容の枠づけ（必修領域の内容上の例示）の行政指針の法的性格，⑤免許状の失効と身分保障（更新講習の修了認定を欠いて免許状が失効した場合，自動的に失職になるのか，分限免職処分として失職することになるのか，地位と身分保障に関する事項が発生する），等のことが指摘されてきた。

(3) 免許更新講習の予備講習と本格実施

免許更新講習の本格実施に先立ち，2008年には全国的に予備講習が計画，実施された。これには受講料無料，修了認定者は本講習の受講免除という条件が付与されていた。予備講習は，大学等からの「免許状更新講習プログラム開発委託事業」への申請を受けて，文部科学大臣が指定した大学等で行われた。その内訳は，①国立大学40大学，494講習，②公立大学37大学，162講習，③指定教員養成機関・法人11校，79講習，指定大学等合計88大学735講習，④上記採択大学等以外の指定8大学であった。

全国的な予備講習の結果，文部科学省の集計によると，受講者は延べ4万5,317人が130大学等で受講し，不合格となった者が248人（その内，212人は受講時間の不足や履修修了認定試験の未受験），残りの36人は認定試験を受けたが合格できなかったという[1]。2009年4月からの免許更新制の実施に先立ち，教員養成の課程認定大学を中心として，2008年12月から免許更新講習の開設申請が行われ，本格実施直前の2009年2月までに文部科学大臣の認定を受けた大学等は208大学であった。

免許更新講習は，①教職についての省察並びに子どもの変化，教育政策の動向および学校の内外における連携・協力についての理解に関する事項（12時間以上），②教科指導，生徒指導その他教育の充実に関する事項（18時間以上）を基本内容として，毎年9万人弱の現職教員等の受講者を対象に行われているが，2009年8月の総選挙による政権交代により，教育政策の一つとして掲げられた「教員免許制度を抜本的に見直す」という公約は果たされず，現在も継続し

て実施されている。

② 教員採用制度

1 教員採用の制度原理としての「選考」

　教員採用は，都道府県・指定都市教育委員会による教員人事行政の一環として行われている。任命権者は，給与負担主体である都道府県教育委員会であり（地方教育行政の組織及び運営に関する法律第34条，第37条，以下，「地教行法」という。），指定都市の学校教員については，指定都市教育委員会に任命権が委任されている（同法第58条第1項）。私立学校の教職員の場合は，当該の私立学校の設置主体である法人の理事会による。

　任命権者である都道府県教育委員会は，県費負担教職員（特別区を含む市町村立義務教育諸学校および市町村立定時制高等学校の教員）の任用を行うが，それに先立って教育長による「選考」が行われ，推薦が必要とされている（同法第34条）。教員採用の方法としての「選考」は，教特法第11条により，一般公務員に対する教育公務員の特例として規定されている。教特法が，任命権者として都道府県教育委員会を，選考権者としてその教育長を明示したのは，教員採用の過程で「選考」を重視しているからであり，「教育者たるに必要な人格的要素は，競争試験によっては，とうてい判定しがたい」と考えられ，「校長，教員等の選任を公正且つ適切ならしむる」ことを趣旨とするものであった。

　教員の採用は，「大学における教員養成」による教員資格の公証を前提にして，「選考」という方法で職務遂行能力を総合的に判定することを原理にしたのである。競争試験が「受験者が有する職務遂行の能力を相対的に判定することを目的」（旧人事院規則8-12第30条）とするのに対して，「選考」は競争試験以外の能力の実証に基づく試験で，受験者の「職務遂行の能力の有無を選考の基準に適合しているかどうかに基づいて判定する」方法であり，「選考」にあたり受験者の学力，経験，人物などを一定の基準と手続きによって審査し，職務遂行能力を有するかどうかを，「必要に応じ経歴判定，実地試験，筆記試験その他の方法」（同前第44条）を用いて審査する方法であるとされている。

2　教員採用の新局面

　教員採用にあたり，都道府県・指定都市教育委員会により，多様な方法で教員採用候補者選考試験が実施されてきたが，採用志望者と採用予定者数の関係から，現実には実質的な競争試験の実態を示しており，学力判定を主とする第一次試験の結果で「不合格」とされ，総合的な職務遂行能力の判定に至らないことが多い。その際，どのような試験問題で教員に必要な専門的な知識・技能を判定するのか，長年にわたり試験問題が非公開扱いであったが，各地域で情報公開条例を活用した試験問題や選考基準の情報公開請求が行われたこと，教養審 1999 年答申「養成と採用・研修との連携の円滑化について」（第三次答申，12 月 10 日）が試験問題の公開を提案したこと，さらに採用試験問題の公開を認定した判例（高松高裁判決 1998 年 12 月 24 日，最高裁判決 2002 年 10 月 11 日）が出されたことなどから，最近は教員採用試験問題を実施後に公開する任命権者が増加している。

　また，これまでは情報公開請求によっても教員採用の選考基準を公開することはなかったが，2008（平成 20）年の大分県の教員採用をめぐる汚職事件を契機にして，選考基準を公開する任命権者が増える傾向にある。その際，選考基準に求められる職務遂行能力の審査を行う公正な選考基準と適正手続きの確立，公平で明朗な教員採用を実現するうえでの課題が残されている。

　最近の教員採用では，特別選考の方法が増大傾向にあるほかに，臨時的任用の教員が増加している。臨時的任用教員の問題には，法令上の臨時的任用の範囲を超えた定数内講師・非常勤講師や少人数学級の実施にともなう臨時講師の採用など，現行法の規定を超える運用実態が散見され，臨時的任用の労働・勤務条件の抜本的改善を図る必要が生じている[2]。

3　公開と参加の原理，地方自治的原理による改革

　教員の採用は，多くの有資格者のなかから，より適切な採用候補者を選ぶ行為であるから，専門家としての教師選びにふさわしい選考の基準と手続きが確立され，公正で明朗な選考が行われることが必要である。現行の教員採用制度

は，選考と採用を行う主体の恣意性を排除するしくみをもちえていない。広範な有資格者のなかから，より適切な教員を選ぶことは，教育行政機関だけの専属的な権限ではなく，学識および人格的に優れた教員が採用されることは，父母・国民の要求でもあり，とくに教員養成に責務を負う大学は，養成・採用・研修の過程での資質・能力の向上に関心を寄せるべきで，大学の教育専門家の参加を得て教員採用の選考基準や試験問題を作成する体制を整えることは，より公正で民主的な教師選びのしくみを確立する上で積極的な意義を有する。

また，採用に至る過程での問題として，市町村教育委員会の内申権（地教行法第38条）と校長の市町村教育委員会への意見具申権（同第39条）を実効あるものにする，地方自治的な制度運用が重要な課題である。1956（昭和51）年の地教行法の制定によって，任命権が都道府県教育委員会に移行して一元化され，任命にあたり市町村教育委員会の内申権と校長の教員に関する意見具申権が定められた。都道府県教育委員会に作成が義務づけられていた採用志願者名簿は法定事項から削除され，現在は選考結果に基づき任命権者により採用候補者名簿が作成されるが，その公開と内申権および具申権が実効ある運用になるよう，現行法の遵守の観点からも，地方自治的原理による改革をはかるべきである。

3 教員の研修制度

1 現職研修の意義——教育公務員特例法の研修条項

教育の本質と教員の職務の性質から，教師は日常不断に専門的な知識や技術・技能を向上させることが本来的に要請される。このような教員研修の性格から，教育公務員には一般公務員の研修とは異なる特別な法制上の定めがある。教員研修は当初，教員の「研究の自由」保障を基本理念として構想され，教員の職務遂行に不可欠の要素として位置づけられていた。教員の「研究の自由」という発想は，最終的には「研究と修養」を凝縮した「研修」になったが，その際にも研修の職務性は研修法制において承認されていた[3]。

教特法は，教育公務員としての教師の職務遂行のために「絶えず研究と修養に努めなければならない」（第21条）と定め，任命権者に対して「教育公務員の

研修について，それに要する施設，研修を奨励するための方途その他研修に関する計画を樹立し，その実施に努めなければならない」(同条)と定めている。これは，教員研修の自主性と研修機会の保障，教育行政機関による条件整備を義務づけたもので，任命権者による研修はあくまで自主的な教員研修にならぶものであり，これに代わるものではないことを明示したものである。さらに教特法は，「教員は，授業に支障のない限り，本属長の承認を受けて，勤務場所を離れて研修を行うことができる」(第22条)と定め，現職のままで長期にわたる研修を行うことができることも規定している。

このような教特法の研修条項に関して，教育法学は教特法の制定の趣旨と立法過程における教員研修の職務性，権利性の確認，研修の自主性の保障を重視し，自主研修権の保障を中心とする条件整備を主張してきた。研修条項の解釈と運用で争点を形成した「授業に支障のない限り，本属長の承認を受けて，勤務場所を離れて研修を行うことができる」という条項について，勤務時間内の校外研修は自主研修権の典型として，「授業」との調整がつくかぎり教員の職務として承認され，校長の「承認」は授業への支障がないことへの学校としての形式的な確認手続きであることを主張してきた。

これに対して，行政解釈は，もっぱら服務上の取扱いの観点から，教員研修を，①職務命令に基づく職務研修，②職務専念義務(地公法第35条)免除を受けて行ういわゆる義務免研修，③勤務時間外の私的な研修，という3類型に分類する解釈を打ち出した(1964年12月18日初等中等教育局長回答)。この行政解釈は，教員研修の職務性，自主性を否定し，拘束力をもつ見解として扱うことにより，職務命令による研修を正当とする学校運営がまかり通る契機となった。

2　初任者研修制度の創設と展開

現職研修のしくみに大きな変化をもたらしたのは，初任者研修制度の創設である。初任者研修制度は，教員の「実践的指導力と使命感」を養うことを目的とし，教特法1988年改正により，1992年度からすべての校種で本格的に実施され，現在に至っている。この制度は，行政研修としての性格を有し，任命権

者に新規採用教員に対する研修を義務づけ，初任者は1年間の条件附採用の教諭として勤務しながら，校内研修や校外研修を行い，その間に指導教員が指導・助言を行い，条件附採用期間の満了時に研修態度や教育活動の実務を校長が勤務評定して，正規の教諭としての採用の適否を判断するというしくみである。

この制度は，1980年代の臨時教育審議会（臨教審）による「教員の資質向上の方策」の提言に基づいて創設されたもので，その根底には不適格教員排除の発想があり，当初は教員試補制度の導入を検討課題としていた。それが，臨教審の審議過程で初任者研修制度として改革案がまとまり，教特法1988年改正によって創設されたが，法案審議の過程で，教育公務員の条件附採用期間を1年間に延長することの是非や，初任者への指導教員による実務研修を行う指導体制の在り方などの問題が指摘された。

初任者研修制度の実施以来，10年間ほどは研修の満了時に研修態度などの評価で正規の教諭に採用されない事例は発生しなかったが，地教行法2001年改正による「指導力不足教員」の認定制度の導入後，最近では初任者研修の満了時に分限免職処分によって不採用になる事例が各地で発生し，分限処分の取消訴訟を提訴する事例も生じている。また，分限処分に至らずとも，1年間で依願退職する初任者が数百人規模に達するという事態も生じており，条件附採用という試用期間中の初任者の身分と地位保障が重要な課題になっている。

3　長期研修制度の拡大──大学院修学休業制度の創設

現職教員の長期研修は，従来，大学への内地留学，研究生，聴講生など多様な形態で行われてきたが，現在では大学院修士課程での研修機会の拡充が行われている。いわゆる新構想の教育大学大学院の設置にともなう，任命権者の派遣による長期の現職研修および既設の教員養成系大学・学部の大学院修士課程での現職研修の機会の拡充に加えて，最近では大学院修学休業制度が創設されている。

教特法2000年改正による大学院修学休業制度は，①小学校等の教諭，養護教諭，講師で，一種免許状を有する者が任命権者の許可を受けて，専修免許状

取得を目的として，3年以内の大学院修学休業を行うことができる，②休業中は教諭等の身分を保有し，職務に従事せず無給だが，国家・地方公務員共済組合法の適用を受ける，③大学院修学休業中は，教職員定数外とする，などを主な内容としている。この制度は，専修免許状の取得を促進し，教員の資質の向上を図ることを趣旨として導入されたものであり，内外の大学院修士課程での長期研修を，専修免許状の取得を目的とすることを条件づけて，任命権者の許可を受けることの制約がある。

4 教員の人事管理と評価制度

1 「指導力不足教員」の認定制度

　教育公務員である公立学校教員の人事（採用，昇任，降格，懲戒等）については，地教行法，国公法，地公法，教特法に規定されているが，最近の教師に関する法制度で注目すべきことは，「教員の資質向上策」として，「指導力不足教員」の認定や人事考課など，教員評価の制度が導入されていることである。

　地教行法2001年改正によって導入された「指導力不足教員」の認定制度は，校長が教師の日常的な教育活動を評価の対象として適格性を判定し，「指導不適切」と認定されると特別な研修（指導改善研修，教特法第25条の二）を受け，その結果により現行法に定める人事の処遇とは別の人事上の措置（分限免職処分等）を可能とするところに特徴がある。

　この制度の創設にあたり，文部科学省は「不適切」教員の定義を示さず，①教科に関する専門的知識，技術等が不足しているために学習指導を適切に行うことができない場合，②指導方法が不適切であり，学習指導を適切に行うことができない場合，③能力や意欲に欠ける学級経営や生徒指導を適切に行うことができない場合，の三つの「具体的な例」を示すにとどめ，「指導不適切教員」の判定基準に関して最終的に都道府県教育委員会に委ねることにした。

　各都道府県教育委員会はこの制度の導入にあたり，教育委員会規則や運営要綱を定めて，「指導力不足教員」の認定制度を発足させたが，当初は，対象外とされた精神疾患に起因する「指導力不足教員」を含めて認定することを定め

ている県や教育活動そのもの以外の服務や人格的要素を含めて認定の観点を設けている県もあった。客観的で公平な認定基準と当該教員の意見表明や異議申し立ての権利の制度的保障などの適正手続きの確立，認定後の特別研修（教特法 2007 年改正により「指導改善研修」）の評価による人事上の処遇の妥当性等，検討すべき問題は少なくない。

　この制度の導入以来，「指導力不足教員」の認定が，年度により数百人規模に達したこともある。

2　教員人事考課制度と「新しい教員評価制度」の導入

　1956（昭和 31）年の地教行法の施行以来，教員の勤務評定は重要な争点を形成してきた。公務員法制で定期的な勤務評定の規定が設けられていた（国公法第 72 条第 1 項，地公法第 40 条第 1 項）が，教員の勤務評定については，評定結果を給与や待遇に反映させることに教職員団体等の強い反対があって，この規定は事実上適用されないできた。

　ところが，21 世紀初頭，東京都の教員人事考課制度の導入によって，新たな状況が生じた。東京都教育委員会は，「東京都立学校教育職員の人事考課に関する規則」（都教委規則第 109 号，1999 年 12 月 16 日）および「東京都区市町村立学校教育職員の人事考課に関する規則」（同第 110 号）を制定し，2000（平成 12）年 4 月 1 日から施行した。これにともない従来の勤評規則は廃止され，「教員の資質能力の向上及び学校組織の活性化を図る」ことを目的として，東京都の公立学校教員を対象に「能力と業績に応じた適正な人事考課」（規則第 1 条）を実施し始めた。

　この教員人事考課制度は，「能力主義・業績主義」を基調とする教員管理の施策としての性格を有し，従来の教員の勤務評定の政策的意図を復活させる要素を含んでいる。この制度の特徴は，①個々の教員が，校長の示す学校経営の方針をふまえて自己の目標を設定し，その達成状況を自己評価する「自己申告制度」，②教頭（第一次評価者），校長（第二次評価者）が一人ひとりの教員の職務遂行の成果（業績）や能力・意欲・態度を絶対評価し，それに基づき教育長が

相対評価を行う「業績評価制度」，③自己申告と教頭，校長，教育長による評価の結果を給与や人事異動等に反映させる「人事管理制度」，の三つの柱から構成されている。

　教頭と校長による業績評価は，個々の教員の自己申告書を参考にして，学習指導，生活指導，進路指導，学校運営，特別活動，その他の項目について，「能力，情意，実績」という評価要素ごとに，S，A，B，C，Dの5段階で評定され，それを総合評価（5段階の絶対評価）する。そして校長は，教育長が定める相対評価の配分率（各評価段階の対象職員数の全職員数に対する割合）を適用した資料を作成して，教育長に提出する。教育長による相対評価は，給与・昇任その他の人事管理に活用される。

　こうした人事考課制度に対して，教職員組合を中心として，①公務労働や学校教育での評価基準は民間企業の能力・業績評価の基準とは異なること，②学校での教育の営みは，教職員の協力・共同による教育的働きかけの総合的な成果として結実するもので，教職員集団を分断し，教員を個別に管理することは，教育の本質にもとる，③教職員の勤務条件に重大な影響を及ぼす人事考課制度の導入は，労使交渉の対象事項であり，国際的基準としてのILO・ユネスコの「教員の地位に関する勧告」（第64項，第124項）を拒否して導入を強行するのは不当である等，強い批判や反対の意見が表明された。

　教員評価制度は，公務員制度改革の一環を構成している関係で進捗が一律ではなかったが，2007年7月の国家公務員法の改正による，国家公務員の任用，給与，分限等すべての人事管理に人事評価に基づいて行う能力・業績主義人事管理が導入されることになり，今後の地方公務員法の改正にともなって「新しい教員評価制度」の実施が加速される状況にある。

　教員評価制度の「新しい」要素として，①目標管理と自己評価方式の導入―校長による学校運営の目標設定と，個々の教員の教育活動の目標設定を基に，1年間の教育活動に関する自己評価を行う評価方式の導入。②複数評価者の設定―第一次の評価者に教頭を加えるなど，複数の管理職による評価・評定を行うシステムの確立。③絶対評価と相対評価の採用―教員の自己評価を基礎にし

た管理職による実績，意欲，能力の絶対評価と教育長による相対評価（4段階または5段階のS，A，B，C，Dに区分）システムの導入。④評価結果の活用―評価結果を給与と人事上の処遇（昇任，昇格等）と連動させる，ということが指摘されている。

この「新しい教員評価制度」は，給与と人事上の処遇に結びつく可能性が大きく，東京都をはじめ全国的に実施されつつある。

このような教員評価制度の導入に対する全日本教職員組合（全教）による，ILO・ユネスコ「教員の地位に関する勧告」（地位勧告）に反しているとのアリゲーションに関して，ILO・ユネスコ共同専門家委員会（CEART）は，来日調査を含む数年間の調査検討に基づいて，教員評価制度は「地位勧告」を遵守していないと見なし，日本政府および地方教育行政当局に「根本的に再検討すべきである」と勧告した（2008年12月）が，この制度はほぼそのまま継続的に実施されている。

【土屋　基規】

注
（1）　『西日本新聞』2009年4月20日号。
（2）　神田修・土屋基規『教師の採用』有斐閣，1984年，臨時教職員制度の改善を求める全国連絡会・山口正編著『教育に臨時はない』フォーラム・A，2005年。
（3）　久保富三夫『戦後教員研修制度成立過程の研究』風間書房，2005年。

考えてみよう
1．「大学における教員養成」原則による教員免許状の取得と，教師としての資質能力の向上はどのような関係にあるのだろうか。
2．教員採用の方法としての「選考」の原理的意義と採用制度の現状をどう考えるか。
3．職域における現職研修は，教師の資質能力の向上にどのような意義を有するのだろうか。
4．教員の教育活動に対する評価はどのようにされるべきなのだろうか。

参考文献
平原春好・室井修・土屋基規『現代教育法概説』改訂版，学陽書房，2004年
平原春好編『概説　教育行政学』東京大学出版会，2009年
土屋基規編著『現代教育制度論』ミネルヴァ書房，2011年

第6章　教育課程をめぐる法と制度

1　教育課程行政

1　教育課程

　教育課程という用語は，カリキュラム（curriculum）の邦訳である。もともとカリキュラムの語源のラテン語は，競馬場とか競争路のコースを意味していた。16世紀頃から，学校で教えられる教科目やその内容，時間配当などを表現する教育用語として用いられるようになる。日本では，明治時代以降「教科課程」「学科課程」という訳語が使われていたが，1950年頃より，教育課程という用語が使用され始める。学習指導要領（後述）ではじめて「教育課程」という用語が使われたのは，1951（昭和26）年である。教育課程とは，児童生徒の成長発達のための，教科と教科外活動を含む学習教育計画であり，各学校において地域の特色に合わせて定められるものをいう。

2　教育課程行政

　教育課程に関わる法制度について，まず文部科学省（以下，文科省）の解釈（有権解釈・行政解釈）に基づき説明する。
　法律上，教育課程という用語が用いられているのは，学校教育法である。教育課程について，学校教育法は学校種ごとに規定を設けている。小学校の場合は，次のように規定している（幼稚園第25条，中学校第48条，高等学校第52条，中等教育学校第68条，特別支援学校第77条）。

　　第33条　小学校の教育課程に関する事項は，第29条及び第30条の規定

に従い，文部科学大臣が定める。

第29条は小学校教育の目的規定であり，第30条は小学校教育の目標規定である。つまり「教育課程に関する事項」は，文部科学大臣（以下，文科相）が教育目的と教育目標に基づき，定めることになっている。なお教育指導にあたり，「児童の体験的な学習活動，特にボランティア活動など社会奉仕体験活動，自然体験活動その他の体験活動の充実に努める」（第31条）とされている。

「教育課程に関する事項」の詳細は，学校教育法施行規則（省令）で定められている。同施行規則第2章「小学校」第2節「教育課程」に，「教育課程の編成」「授業時数」「教育課程の基準」「教育課程編成の特例」「履修困難な各教科の学習指導」「教育課程の特例」「不登校児童を対象とする特別の教育課程」「課程の修了・卒業の認定」「卒業証書の授与」について規定されている。「教育課程の基準」の規定は，次のとおり。

> 第52条　小学校の教育課程については，この節に定めるもののほか，教育課程の基準として文部科学大臣が別に公示する小学校学習指導要領によるものとする。

つまり，教科名や授業時数などを同施行規則で規定し，学習指導要領がより具体的に教育課程の基準を定めている。

3　学習指導要領

学習指導要領は，1958（昭和33）年以降文部省「告示」として定められるようになり，法規としての性格をもち，法的拘束力を有している。小学校学習指導要領は，1947年に「試案」として作成され，その後，1951年，1958年，1968年，1977年，1989年，1998年，2008年と7度改訂されている。学習指導要領は，逸脱してはいけない教育課程基準とされてきたが，1999年『分数ができない大学生』『小数ができない大学生』（東洋経済新報社）が話題となり，

学力低下が大きな社会問題となった。2001（平成13）年4月，小泉内閣の発足にともない，元文部官僚の遠山敦子が文科相に就任すると，学力向上・エリート養成に関わる施策が打ち出されるようになる。2002年1月17日，1998年学習指導要領の実施を目前にして，文科省は「確かな学力の向上のための2002アピール「学びのすすめ」」を発表する。「学びのすすめ」では，学習指導要領が「最低基準」であるとし，できる子どもには「積極的に発展的な学習」を要求する。教科用図書検定調査審議会は教科書に「発展的な内容」を認めるよう提言し，教科書検定基準は改正された。現行学習指導要領（2008年版）は，2011年4月1日より全面施行となった（全面施行中学校2012年，高等学校2013年度入学生，幼稚園2009年）。現行小学校学習指導要領は，2006年の教育基本法改正および2007年の学校教育法改正を受けたものである。学習指導要領では，総則に教育課程編成の一般方針，内容等の取扱いに関する共通的事項，授業時数等の取扱い，指導計画の作成等に当たって配慮すべき事項，が書かれている。これを原則として，第2章以下に，具体的な教育課程の基準が書かれている。さらに文科省は，学習指導要領を詳細に説明する学習指導要領解説（各教科別・領域別の冊子）を発行している。

4　教育課程の編成

以上を前提に，教育課程は各学校で編成されることになるが，具体的に誰がその編成権限をもつか，明文上の規定はない。ところで学校教育法は，次のように規定している（中学校，高等学校，中等教育学校，特別支援学校は準用規定）。

　　第37条第4項　校長は，校務をつかさどり，所属職員を監督する。

この規定から，実際の教育課程が，教頭，教務主任，学年主任を中心に教師集団の協力によって編成されるものの，教育課程編成の権限と責任は校長にある，と解される。（学校設置者である教育委員会の役割・権限については，第1章および第8章参照）。

2　教育課程法制の歴史と問題

1　再軍備と教育──戦後改革理念否定へのはじまり

　第二次世界大戦後当初アメリカは，日本の民主的改革を後押ししていた。ところが，旧ソ連の原爆実験成功（1949年9月）と中華人民共和国成立（1949年10月）を契機として，アメリカの極東戦略が大きく転換する。まず朝鮮戦争は，日本の再軍備へのきっかけとなる（1950年7月8日マッカーサー書簡）。アメリカは，憲法改正による軍隊の保持を日本に求めていく。1953年米大統領に就任したアイゼンハワーは，世界各地域での地上戦を同盟国の現地兵力でまかなう戦略を採用した。その結果，日本の軍事力強化が重要な課題となり，相互安全保障法（Mutual Security Act，以下MSA）を日本に適用する。この法律によれば，援助物資の受け入れとともに，日本はアメリカへの軍事的義務を負うことになっていた。

　MSA援助受け入れのため，池田勇人（自由党・政務調査会長（当時））が，アメリカに派遣された。ロバートソン国務次官補と会談した池田は，アメリカに対して次の約束をすることになる。

　「日本政府は，教育および広報によって日本に愛国心と自衛のための自発的精神が成長するような空気を助長することに第一の責任をもつ」（『朝日新聞』1953年10月25日付）。

　つまり，憲法第9条の理念に基づく平和教育ではなく，逆に憲法「改正」と軍国主義を志向する「愛国心」教育の実現を，日本政府はアメリカに対して公約したのである。

2　教育課程法制の歴史

　（旧）教育基本法とともに制定された学校教育法（1947年3月31日公布，翌4月1日施行）は，制定当初，次のように定められていた。

　　第20条　小学校の教科に関する事項は，（略）監督庁が，これを定める。

監督庁とは，同法附則106条において「当分の間，これを文部大臣とする。ただし，文部大臣は，その権限を他の監督庁に委任することができる。」とされた。これは，教育委員会法（旧法）が制定されるまでの間，文部大臣が教科に関する事項を定めるが，ゆくゆくは地方分権の理念にしたがって，この権限を教育委員会に移譲していくことを予定していたのである。

学校教育法の規定を受け，学校教育法施行規則（1947年5月23日公布）は，次のように定めていた。

> 第25条　小学校の教科課程，教科内容及びその取扱いについては，学習指導要領の基準による。

3年後文部省は，同施行規則を改正（1950年10月9日公布）し，「教科課程，教科内容及びその取扱い」を「教育課程」に改めて，次のように規定した。

> 第25条　小学校の教育課程については，学習指導要領の基準による。

法律上は，「教科に関する事項」を文部大臣が定めることになっているが，省令（大臣命令）によって，教科外事項も含む教育課程全体の基準設定権へと拡大解釈されたのである。文部省はその後「教科に関する事項」とは「教育課程」と同義であると主張していく。さらに文部省は，教科の基準設定権を教育委員会に移譲することなく20世紀末に至る。そして1999（平成11）年「地方分権の推進を図るための関係法律の整備等に関する法律」により，学校教育法第20条の「監督庁」が「文部大臣」に改正され，文部大臣による教育課程の基準設定権が固定化された。教育課程法制の地方分権化方針が，明確に否定されたのである。なお2001年，中央省庁等改革関係法施行法による省庁再編により「文部大臣」が「文部科学大臣」となる。

第一次安倍政権による教育基本法改正（2006年）を受けて，2007年，学校教育法も大きく改正される。学校教育法第20条は第33条へと移り，「教科」が

「教育課程」にされ，現行条文となる。

3　学習指導要領「告示」化

1947（昭和22）年3月，学習指導要領一般編が初めて作成された。その表紙には「試案」と書かれ，序論で次のように述べていた。

「一　なぜこの書はつくられたか

いま，わが国の教育はこれまでとちがった方向にむかって進んでいる。（略）いちばんたいせつだと思われることは，これまでとかく上の方からきめて与えられたことを，どこまでもそのとおりに実行するといった画一的な傾きのあったのが，こんどはむしろ下の方からみんなの力で，いろいろと，作りあげて行くようになって来たということである。／これまでの教育では，その内容を中央できめると，それをどんなところでも，どんな児童にも一様にあてはめて行こうとした。だからどうしてもいわゆる画一的になって，教育の実際の場での創意や工夫がなされる余地がなかった。このようなことは，教育の実際にいろいろな不合理をもたらし，教育の生気をそぐようなことになった。／（略）／この書は，学習の指導について述べるのが目的であるが，これまでの教師用書のように，一つの動かすことのできない道をきめて，それを示そうとするような目的でつくられたものではない。新しく児童の要求と社会の要求とに応じて生まれた教科課程をどんなふうにして生かして行くかを教師自身が自分で研究していく手びきとして書かれたものである。」

教育における地方分権と自主性確保を目的とした，1948（昭和23）年公布の教育委員会法（旧法）は，教育委員会の事務として「教科内容及びその取扱に関すること」「教科用図書の採択に関すること」を規定していた（同法第49条）。つまり当時文部省は，教科課程の最低基準は定めるものの，教科用図書を含む具体的な教育内容については，地方の自主性に委ねるという方針であった。そのため，学習指導要領は「試案」とされていたのである。

しかし，1956（昭和31）年の『高等学校学習指導要領一般編』『各教科編』改訂版が文部省から発表されたとき，表紙から「試案」の文字が削除された。1958年の学習指導要領改訂（小・中。高等学校は1960年）で文部省は，学習指導要領を『官報』に文部省告示として公示した。これ以降文部省は，学習指導要領は告示という法形式で公にされているので法的拘束力をもつという説明をする。つまり，学習指導要領を逸脱した教育課程を編成することは法令違反となり，公務員である教師は処分の対象になる，ということである。この時の改訂で，「道徳」が「特設」されるとともに，さらに「国旗を掲揚し，君が代を斉唱させることが望ましい。」と規定した。「愛国心」教育規定の始まりである。

4 学習指導要領の法的拘束力

文科省は，学習指導要領が「告示」形式となっているので，その法的拘束力を主張する。しかし学説としては，それへの批判が支配的である。文科省批判の教育条理解釈として，1960年代以降有力になる学説に大綱的基準説（兼子仁）がある。大綱的基準説では，教育における内的事項・外的事項の区分を前提に，文科省の教育課程に関する権限は，「小・中学校の教科と時間配当，高等学校の教科・科目・授業時数・単位数など」の「ごく大綱的な基準」に限られるとする。ところが学習指導要領は，各教科の教育内容・方法・教材に関して詳細に定めているので，その大部分が法律の委任範囲を越えていると批判する。それゆえ学習指導要領は全体として法的拘束力をもちえず，指導助言文書である（兼子仁『教育法』(旧版) 1963年）。この学説は，学力テスト事件に関わる下級審判決の多くで採用された。

その後兼子仁は，「学教法が「教科に関する事項」の立法化を予定しているのは，「学校制度法定主義」の一環として，「学校制度的基準」を成す各学校段階の教育編成単位である教科目等の法定にほかならない」という学校制度的基準説（兼子仁『教育法［新版］』1978年）へと学説を発展させた。ここで，立法可能な学校制度の基準とは，施設設備，学校組織規模（学校・学級規模，教職員数），学校教育組織編成（入学・卒業資格，教育編成単位），教科目等（教科・科目名，教

育課程構成要素, 標準授業時数) までとする。また告示という形式は, 行政機関がその所掌事務につき公示を行うための法形式であって, 法規命令であるか否かは告示の内容によって決まるから, 学習指導要領は, 学校制度的基準の範囲を越えるもので, 法規とはいえないとする。

5 学習指導要領の法的拘束力をめぐる司法判断

最高裁大法廷学テ判決 (1976年5月21日)(1) は, 学習指導要領が「必要かつ合理的な基準」として, 大綱的基準の範囲内にあるものと判断した。しかし最高裁も学習指導要領そのものを「法規」であるとはいえず, 「基準の設定として是認」したに過ぎない。この判決はさまざまな解釈を生む余地をもち, 判例解釈をめぐっての議論がある。最高裁はその後, 伝習館高校事件第一小法廷判決 (1990年1月18日) において, 学習指導要領の「法規としての性質」を認めた (詳しくは後述)。文科省は現在, これをもって自らの主張が受け入れられたとしているが, しかし, 先の最高裁大法廷学テ判決をどのように継承したのかについての明確な論証を欠くこの判例の価値は低く, 今日もなお最高裁大法廷学テ判決が, 判決例としての重要な位置を占めている。つまり, 明確な司法判断はまだなされていない, というべきである。

6 教育基本法改正と教育課程

2006年教育基本法改正で, 「教育の目標」(第2条) が新しく規定され (5項目), 学校教育ではその目標を達成することが義務づけられた (第6条第2項)。それにともない, 学校教育法改正 (2007年), 学校教育法施行規則改正 (2008年), そして学習指導要領 (小・中学校, 2008年3月28日。高等学校12月22日) が改正された。新教育基本法「教育の目標」に基づき, 今回の学習指導要領では「伝統や文化に関する教育の充実」と「道徳教育の充実」などが強調された。とくに道徳教育は「道徳の時間を要として学校の教育活動全体を通じて行う」ことが明確にされた。

第二次安倍内閣のもと, 文科省の「道徳教育の充実に関する懇談会」(2013

年3月設置)は「今後の道徳教育の改善・充実方策について（報告）」(2013年12月26日) を提出した。報告書は，道徳を「特別の教科」として位置づけ，検定教科書の導入，大学の教員養成課程の道徳の履修単位増などを提言している。2014年度には中教審にこの問題を諮問する予定である。

　2013（平成25）年12月17日安倍内閣は，外交・安保政策の中長期的な指針となる「国家安全保障戦略」を閣議決定した。これは，岸信介（安倍の祖父）内閣の閣議決定「国防の基本方針」(1957年5月20日) に「代わるもの」として決定された。1957年閣議決定では憲法改正・再軍備のため「国防の目的（略）を達成するための基本方針」として「愛国心を高揚」すると定めていたが，2013年閣議決定ではそれを引き継ぎ「社会基盤の強化」として「国民一人一人が（略）国家安全保障を身近な問題として捉え，その重要性や複雑性を深く認識することが不可欠」であるとし，そのために「我が国と郷土を愛する心を養う」ための諸施策等を推進するとしている。

　国家による心の教育・愛国心教育の強制は，教育を通じての国民支配であり，憲法改正，戦争する国家づくりへの布石ではないか，という懸念も出されている。

③ 教科書制度

1　教科書

　教科書に関わる法制度について，まず文科省の解釈（有権解釈・行政解釈）に基づき説明する（教科書使用義務については反対説を並記）。

　学校教育法に「教科書」という表現はない。「教科書の発行に関する臨時措置法」(1948年) 第2条第1項で「教科書」とは，「小学校，中学校，高等学校，中等教育学校及びこれらに準ずる学校において，教育課程の構成に応じて組織排列された教科の主たる教材として，教授の用に供せられる児童又は生徒用図書であつて，文部科学大臣の検定を経たもの又は文部科学省が著作の名義を有するもの」とされている。この教科書は，学校教育法に規定する「教科用図書」と同じものである。

学校教育法第34条　小学校においては，文部科学大臣の検定を経た教科用図書又は文部科学省が著作の名義を有する教科用図書を使用しなければならない。②③略
　（中学校第49条，高等学校第62条，中等教育学校第70条第1項，特別支援学校第82条で準用規定）

　教科書とは，(1)教育課程の構成に応じて組織配列された教材，(2)教科の主たる教材，(3)教授の用に共せられる児童または生徒用図書，である。つまり教科書は，副次的な教材として使われたり，児童生徒の自習用に使われるものではない。「文部科学大臣の検定を経た教科用図書」とは，民間の教科書会社が作成し，文部科学大臣の検定に合格した，いわゆる検定教科書のことである。「文部科学省が著作の名義を有する教科用図書」とは，文科省が作成し，出版権を設定して民間の出版社に発行させる教科書である。学校教育法は両者を並列しているが，前者（検定教科書）が原則であり，後者（文科省著作教科書）は教科書の需要が少なく民間教科書会社の発行が期待できないケースに限定したものである（高等学校の農業，工業，水産等の職業に関する教材の一部や特別支援学校の教科に関するものなど）。教科書には，検定教科書，文科省著作教科書以外に，学校教育法附則に基づく例外的教科書（附則九条教科書）がある。これは，高等学校（中等教育学校の後期課程を含む），特別支援学校（学級）において，検定教科書・文科省著作教科書がないなどの，特別の場合に使用される教科書である。

2　教科書の検定

　教科書検定の権限は，文部科学大臣が有する。教科書検定の手続および方法について「教科用図書検定規則」（省令）で，検定の基準については「義務教育諸学校教科用図書検定基準」（告示）および「高等学校教科用図書検定基準」（告示）で定めている。
　検定規則は，図書の著者または発行者が，検定を文科相に申請し，文科相は申請図書について教科用図書検定調査審議会に諮問する。その答申をふまえて，

文科相が合否の決定を行うことが定められている。合否保留の上「検定意見」を通知する場合もあり，申請者は修正して再度申請することもできる。検定基準では，検定審査の基本方針（総則）のほか，各教科共通の条件と各教科固有の条件が定められている。

3　教科書の採択

教科書の採択とは，各学校で使用する教科書を決定することである。採択権限は，公立学校ではその学校を所管する教育委員会にある（地教行法第23条第6項，教科書無償措置法第13条）。義務教育諸学校の教科書については，広域な教科書採択地区を設定し，採択を行っている。採択権者は，都道府県教委の指導・助言・援助を受け，種目ごとに1種の教科書を採択する。二つ以上の市町村で採択地区が構成されている場合，構成市町村の教育委員会が協議して同一の教科書を採択することになる。なお，中等教育学校の前期課程および中高一貫教育を行う併設型の中学校においては，学校単位で採択する（教科書無償措置法第13条）。また，高等学校については，法令上定めがないので，学校単位による教科書採択が行われている。

4　教科書の無償制

憲法第26条第2項に「義務教育は，これを無償とする」と規定されている。この無償は，授業料不徴収を意味しており，それ以外の無償の範囲については，政策判断・法律の定めによるものとされている。教科書の重要性から，授業料についで教科書も無償化するという判断から，「義務教育諸学校の教科用図書の無償に関する法律」（1962年），「義務教育諸学校の教科用図書の無償措置に関する法律」（1963年）が成立した。1963（昭和38）年4月，まず小学校1年生に教科書が無償で給与され，教科書無償制度がスタートした。1964年には小学校3年生までが無償となり，次年度以降学年進行で無償の範囲が拡大され，1969年度に小中学生全員が無償の対象となった。その後，いわゆる臨調「行革」路線のなかで，教科書無償給与制度について「廃止等を含め検討する」（臨時行政

調査会第1次答申。1981年7月10日）とされたが，「今後，社会・経済や国民の意識・教育観の変化，教科書の在り方をはじめ初等中等教育全体の在り方の動向との関連において検討を続けることとし，当面，義務教育段階の無償給与制を継続する」（臨時教育審議会第3次答申，1987年4月1日）とされ，今日に至っている。

5 教科書の使用義務

　学校教育法第34条から，小学校においては，教科書使用義務がある（中学校，高等学校，中等教育学校，特別支援学校は準用規定）。教科書使用義務は，憲法第26条の「教育を受ける権利」に由来する。つまり，国が国民に一定水準の教育を平等に保障するために定められた義務である。判例上は，いわゆる伝習館高校事件[2]控訴審判決（福岡高裁1983年12月24日）で教科書使用義務を認定し（高等学校），同上告審判決（最高裁第一小法廷1990年1月18日）が控訴審判決の教科書使用義務認定を「正当として是認」している。ただし，学校の教師に教科書使用義務があるとしても，教師が教科書をそのまま棒読みしたり，教科書万能という硬直的な考え方は許されない。児童・生徒の実態等に応じて，弾力的に教科書を使用するなど適切な配慮が求められる。

　以上のように，文科省は教科書の使用義務を強調する。しかし有力な教育法学説（兼子仁『教育法［新版］』1978年，417-419頁）は，検定教科書を教科書として使うかは「大幅に各教師の教育専門的裁量にゆだねられている」のであり，教育条理解釈から「教科書を使用するか否かは任意であって，使用する場合は存在する検定教科書でなければならない」とする。文科省は，司法判断によって教科書使用義務が肯定されているという。確かに，判例上，教科書使用義務が肯定されているが，その根拠とされる前述の伝習館高校事件控訴審判決は，次のように述べている。

　「教科書を使用するとは，原則としてその内容の全部について授業することをいうものであるが，このことをなした上，その間に，教師において，適宜，本件学習指導要領の教科，科目の目標及び内容に従って，教科書を直接使用す

ることなく，学問的見地に立った反対説や他の教材を用いての授業をすることも許されると解する。」

上告審判決（最高裁第一小法廷1990年1月18日）は，この部分を含んで控訴審判決を肯定している。つまり，年間教育計画において検定教科書全体を子どもたちに教育することを前提とすれば，教師は学習指導要領に従いつつ，学問的見地から子どもたちの成長発達に対応して自由に授業を組み立てることができると，判決はのべている。文科省による教師の教科書使用義務の一面的強調は，教師の教育実践における創意工夫を抑圧するものでしかないといえよう。

4 教科書の問題

1 教科書検定の歴史

前節では，文科省の見解に基づく教科書制度について解説した。本節では，歴史的にふりかえりつつ，教科書の問題を考える。

1947（昭和22）年に公布された学校教育法は，そもそも，次の規定だった。

> 学校教育法第21条　小学校においては，監督庁の検定若しくは認可を経た教科用図書又は監督庁において著作権を有する教科用図書を使用しなければならない。

そして附則第106条で監督庁は「当分の間，これを文部大臣とする」と規定していた。つまり，検定は文部省の独占ではなく，いずれ各都道府県教育委員会へ権限を移していくことを視野に入れていたのである。しかし，1953（昭和28）年の法改正（法律第167号）で次のように改正された。

> 学校教育法第21条　小学校においては，文部大臣の検定を経た教科用図書又は文部大臣において著作権を有する教科用図書を使用しなければならない。

ここから，検定は文部大臣の権限であると明確にされた。なお，1970（昭和45）年の著作権法改正により，「文部大臣において著作権を有する教科用図書」が「文部省が著作の名義を有する教科用図書」に改正され，1999（平成11）年の中央省庁等改革関係法施行法により2001年より「文部大臣」が「文部科学大臣」となる（現行第34条）。

つまり，第二次世界大戦後の教育改革の理念を否定する方向で，文科省は教科書検定権を独占し，教科書検定は教育内容統制の手段となったのである。

2　家永教科書裁判

『うれうべき教科書の問題』(3)以後，教科書法案（1956年）が廃案となったため，文部省は，省令改正（教科書調査官制度創設など）という方法で，教科書統制を強めていく。高等学校日本史教科書（三省堂）を執筆していた歴史学者家永三郎は，「教科書検定が憲法・『教育基本法』を踏みにじり，国民の意識から平和主義・民主主義の精神を摘みとろうとする現在の検定の実態に対し，あの悲惨な体験を経てきた日本人の一人としても，黙ってこれを見のがすわけには」（提訴の声明）いかないという見地から，検定の不当性を広く国民に訴えるため，裁判に訴えた。それは第1次訴訟（1965年提訴）から，第3次訴訟上告審判決（1997年）まで，32年間という長期にわたる憲法裁判となった。

第1次訴訟（国家賠償請求訴訟1965年）の高津判決（1審判決1974年7月）では，現代の国家が福祉国家として教育内容の決定権をもつことを認めたが，検定16カ所について「不当」と判断した。鈴木判決（2審判決1986年3月）は，1審で違法と判断した部分についても含め，検定意見には「相応の根拠」があったとして，すべて合憲・合法と判断した。上告審判決（1993年3月第3小法廷）も，高裁判決を支持して，教科書検定はその基準も含め，必要かつ合理的範囲を超えていないとした。

第2次訴訟（行政処分取消訴訟1967年6月）の杉本判決（1審判決1970年7月）は，検定制度自体は違憲ではないが，家永教科書に対する検定は，検閲でありまた教育内容への不当な介入だとして違憲・違法と判断した。畔上判決（2審判決

1975年12月）は，検定制度にかかわる判断を避けたが，検定意見が一貫性に欠ける「気ままに出た行政行為」だとして手続き上の違法性についてのみ判断を行い，文部大臣の控訴を退けた。最高裁（1982年4月第1小法廷）は，争点の判断以前に，学習指導要領の改訂にともない，家永側に「訴えの利益」があるかどうかを検討するよう高裁に差し戻した。丹野判決（差し戻し高裁判決1989年6月）は，結局「訴えの利益」なしとして，門前払いの判断を言い渡した。

3次訴訟（国家賠償請求訴訟1984年1月）の加藤判決（1審判決1989年10月）は，争点8カ所（のべ10カ所）のうち，1カ所について裁量権の濫用を認めた。川上判決（2審判決1993年10月）は，3カ所について違法と認定した。上告審判決（1997年8月第3小法廷）は，さらに1カ所を加え，合計4カ所について裁量権の濫用があったとして違法と判断した。

教科書検定処分について，部分的にせよ違憲あるいは違法と認めた判決は六つあり，全面的に合憲合法とした判決は，二つにすぎない。教育法学説では，現行検定制度もしくはその運用において，憲法違反の疑いがあるという見解が多数であり，有力な学説である学校制度的基準説（兼子仁）によると，検定制度は，届出制的・指導助言的制度であるべきだとしている。

3　教科書検定の外交問題化

1982（昭和57）年夏，文部省は，翌年4月から使用する高等学校教科書の検定の一部を公開した。マスコミは，その報道のなかで，南京大虐殺の事実を検定でゆがめたことや，日本の中国「侵略」を「進出」に書き換えさせたことを大きく報じた。日本の侵略戦争の歴史をあいまいにする教科書検定に対して，国内外から批判の声があがり，教科書検定は外交問題へと発展したのである。文部省は，自らの検定に非はないという立場を貫こうとしたが，政府は，中国・韓国に対して「是正」措置を約束することで一応の決着をはかった。その結果，教科書検定基準に「近隣のアジア諸国との間の近現代の歴史的事象の扱いに国際協調の見地から必要な配慮がされていること」（近隣諸国条項）をつけ加えた。

4　今日の教科書問題

　1992（平成4）年1月，従軍慰安婦設置などに旧日本軍が関与したことを示す資料が，研究者の手によって防衛研究所図書館で発見された。それまで政府は，軍が組織的に関与していたものではないという立場から，教科書検定では，慰安婦問題を削除修正をさせてきた。政府は，1992年7月，正式に慰安婦問題で謝罪を行う（加藤官房長官発表）。その後，教科書における「従軍慰安婦」に関する記述は，高等学校日本史教科書で1994年度用から，中学校は1997年度用からいっせいに登場することになった。1993年8月細川護熙首相は，記者会見で先の戦争は侵略戦争であったことを認めた（その後細川首相は「侵略行為」と修正）。これに対して危機感をいだいた自民党政治家らは，同月，「歴史・検討委員会」をつくった（『大東亜戦争の総括』展転社，1995年）。この委員会（2014年1月現在首相の安倍晋三も当時メンバー）の結論は，次の4点だった。①大東亜戦争は侵略戦争ではなく，自存・自衛の戦争であり，アジア解放の戦争だった。②南京大虐殺，「慰安婦」などの加害はデッチあげであり，日本は戦争犯罪を犯していない。③最近の教科書は，ありもしない侵略や加害を書いているので，新たな「教科書のたたかい」が必要である。④　①②のような歴史認識を国民の共通認識，常識にするために学者を使って国民運動をする必要がある。

　1995年1月，藤岡信勝東京大学教授を会長とする自由主義史観研究会が発足する。同会は，1996年1月から産経新聞に「教科書が教えない歴史」という連載を開始した。同年6月，翌年から使用される中学校社会科教科書の文部省検定が公表されると，藤岡らは，教科書の近現代史部分を読んで「暗澹たる思い」がした，「すさまじいばかりの暗黒史観・自虐史観・反日史観のオンパレード」であると批判をはじめた。彼らは教科書批判を行いつつ，小林よしのり（漫画家），西尾幹二（電気通信大学），高橋史朗（明星大学）らとともに，1996年12月「新しい歴史教科書をつくる会」を立ち上げる（結成1997年1月）。1997年2月これを支援する自民党の「日本の前途と歴史教育を考える若手議員の会」が発足する。このときの事務局長が，安倍晋三である。安倍内閣（第一次2006年9月～2007年9月，第二次2013年12月～）の教育・教科書改革は，以

上の経緯をふまえて理解する必要がある。

5　第二次安倍内閣の教科書制度改革

　第一次安倍内閣は，憲法改正の前段階として，教育基本法改正（2006年）など一連の教育改革を行ったものの，2007（平成19）年7月の参議院選挙で大敗し，その後安倍本人の体調不良で総理の職を自ら辞した（2007年9月）。そして2012年12月の総選挙で自民党が単独過半数を制し，第二次安倍内閣がスタートする。2013年11月15日，文科省は教科書改革実行プランを発表した。同年12月20日文科省の教科用図書検定調査審議会は，同プランに基づいて，教科書検定基準を改正し，政府見解の記載を教科書に求めるなど，新教育基本法に則った教科書内容を求める「審議のまとめ」を提出した。文科省は，2014年1月に検定基準を改正した[4]。

【高津　芳則】

注
（1）　文部省は，学力の実態をとらえ，教育課程に関する方策の樹立，学習指導要領の改善に役立てるという目的で，1956年以来小・中・高校の生徒を対象に毎年科目を変え，抽出調査でテストを実施していた。ところが1961年から64年まで，中学校は「中学校全国一斉学力調査」（悉皆（しっかい）調査）となった。つまり，全国の中学2・3年生全員が，数学，国語，英語，社会，理科の5教科の試験を，同一の日に，同じ時間に，全国一斉に行うというのである。全国一斉学力テストに反対する教職員保護者の各地の運動や活動が，公務執行妨害や建造物不法侵入などに問われた。しかし裁判では，学力テストの適法性が問われることとなり，1976年5月21日最高裁大法廷判決は，最高裁としてはじめてこの問題について判断を示したものである（『判例時報』814号）。（35頁のコラムも参照のこと）
（2）　公立高校の教師が，学習指導要領所定の科目の目標内容を逸脱した試験問題を出題，あるいは教科書を使用しなかったり，生徒の成績について一律評価をしたため，懲戒免職処分になった事件である。学習指導要領の法的拘束力や教師の教育の自由が問われる裁判となった。しかしこの事件は，学園紛争時代の，かなり極端な教師の教育実践事例であることを考慮する必要がある（1審判決『判例時報』900号，控訴審判決『判例時報』1101号，上告審判決『判例時報』1337号）。
（3）　1955年6月，衆議院行政監査特別委員会が，教科書の販売にかかわる「不正」問題を取り上げた（「小，中学校における教科書関係事件」）。当初，教科書の販売・採

択をめぐる問題が議論されたが、教科書内容が「偏向」していると、論点が変化していった。この国会審議を受けて、日本民主党は『うれうべき教科書の問題』というパンフレットを作成し（第1～3集）、教科書が左翼「偏向」しているというキャンペーンを行った。このキャンペーンには、非科学的主張やレッテル貼りが多分に含まれるものとなっており、世論の反発を招いた。その後、教科書問題は沈静化していったが、保守合同（1955年11月）によって誕生した自由民主党は、検定手続の法制化をめざした。しかし、地教行法成立を優先した1956年国会で、教科書法案は廃案となる。そのため文部省は、法律によらず、省令改正（教科書調査官制度創設など）という方法で、教科書検定を強化していく。なお、行政解釈による教科書の定義への批判として、浪本勝年『子どもの人権と教科書』北樹出版、1982年（82頁以下）がある。

（4）　文科省は、2014年1月17日、義務教育諸学校教科用図書検定基準および高等学校教科用図書検定基準の一部を改正した。社会科、地理歴史科、公民科について「近現代の歴史的事象のうち、通説的な見解がない数字などの事項について記述する場合には、通説的な見解がないことが明示されているとともに、生徒が誤解するおそれのある表現がないこと」、「閣議決定その他の方法により示された政府の統一的な見解又は最高裁判所の判例が存在する場合には、それらに基づいた記述がされていること」などとされた。それを受けて、同年1月28日、文科省は中学校と高等学校の『学習指導要領解説』（以下『解説』）を一部改訂した。これまで領土問題は、歴史的経緯をふまえ、文科省は外交上の配慮をしてきた。しかし今回の改訂では、安倍内閣の意向を受け、沖縄県の尖閣諸島と島根県の竹島について「我が国の固有の領土」と明記した。『解説』は、学習指導要領をより詳細に説明する文科省の著作物であり、法的拘束力はない。しかし、教科書検定や教師の授業の指針であるとされている。『解説』改訂公表の28日、ただちに韓国外務省は撤回を求める声明を、中国外務省は「重大な懸念」を表明した。

考えてみよう
1．教師にとって、教育課程を編成することの意味を考えてみよう。
2．「愛国心」の教育とはなにか、考えてみよう。
3．教師にとって教科書とは何か、考えてみよう。

参考文献
平原春好『日本の教育課程―その法と行政［第2版］』国土新書、1980年
家永三郎『教科書裁判』日本評論社、1981年
柴田義松『教育課程―カリキュラム入門』有斐閣コンパクト、2000年
子どもと教科書全国ネット21編著『教科書の国定化か⁉』かもがわ出版、2013年
渡辺治『安倍政権と日本政治の新段階』旬報社、2013年

第7章　社会教育をめぐる法と制度

はじめに

　戦後の日本国憲法・教育基本法を頂点とする現行教育法体系のなかで，社会教育は，学校教育とともに車の両輪にも例えられ，国民の教育権保障を考えるうえで，少なくとも理念上は一貫して必要不可欠な分野として位置づけられてきた。

　現在の日本の教育理念と制度の根幹を方向づけた旧教育基本法においては，社会教育は，学校教育（第6条）と並んで，国・地方公共団体に対して保障および奨励の義務を課していた（第7条）。また，2006（平成18）年に成立した新教育基本法（現行法）においても，第12条において社会教育の権利が規定され，加えて同法を貫く総括的理念として第3条に生涯学習の権利が位置づけられることによって，社会教育がますます重要なものとなっていることが明らかにされている[1]。

　しかしながら，社会教育は，このように戦後教育法体系のなかでは当初より一貫して教育に不可欠な領域として位置づけられているにもかかわらず，一般には学校教育ほど認知された領域とはなっていない。というのは，学校教育については義務教育を通じて多くの人々がイメージを共有するのに対して，社会教育は活動が非定型的であることから共通のイメージを形成しづらいためである。ましてやそれを保障する法や制度の概要について認知している人々は少ない。

　これらの状況は，日本の戦後の教育行政において，速やかな整備が必要であった学校教育が優先されてきた事情にもよるが，それ以上に社会教育の組織原則である「教育の自治の原則」が教育行政一般において根づいてこなかったこ

とと も大きく関係していると筆者は考えている。

　本章では，社会教育の権利保障を論述するにあたって，教育における自治と共同がどのような意義をもつものであるかを，理念にさかのぼって検討し，現在の社会教育行政の問題点を指摘し，あるべき姿を考察したいと考える。

1　社会教育の権利保障の理念と本質

1　社会教育の権利保障と多様な学習機会の提供

　一般に，「社会教育の権利の保障の本質とは何か」と問われた場合，「多様な学習機会の提供」と答える場合が多いであろう。2008（平成20）年2月に提出された中央教育審議会答申『新しい時代を切り拓く生涯学習の振興方策について—知の循環型社会の構築を目指して』では，この点を次のように述べている。

　　「人々は，物質的な豊かさに加え，精神的な面での豊かさを求め，生涯を通じて健康で生きがいのある人生を過ごし，そのなかでそれぞれの自己実現を図ることを求めている。人々は自己の充実・啓発や生活の向上のため，多様な学習の機会を求めており，国民一人一人がその生涯にわたって，あらゆる機会に，あらゆる場所において学習することができ，また，その成果を適切に生かすことのできる社会の実現が求められている。」

　そのうえで，同答申は，学習には①「各個人がその興味や関心に基づき，自らを深めるために行う個人的な活動としての側面」，すなわち「個人の要望」に基づく学習と，②「職業生活に必要な知識・情報・技術等を習得・更新」することで，経済的に豊かな生活を保障し，「ひいては社会全体の活性化を図り，我が国の持続的発展に資するもの」，すなわち「社会の要請」をくみ上げた学習の2種類があるとしている。そして公的社会教育を担う教育行政としては，「国民が生涯にわたって行う学習活動を支援する際には，……その自発的な意思に基づくものであることを踏まえる必要がある」が，「国及び地方公共団体等の行政が限られた財政的・人的資源を投入して生涯学習を振興するための施

策を講ずるに当たっては，我が国社会全体の知識基盤を強固にするという観点」および「社会や地域からの要請をも踏まえて，重点的に国民の学ぶ意欲を支えていく」ことが大切である，と結論づけている。

この前提には，現代社会は，絶えざる技術革新と国際競争，少子高齢化や規範意識の低下という急激な社会変化の渦中にあるとの認識がある。そしてその延長上にあるのは，国民の自己実現の可能性は，このような急激な社会変化に対応した能力を身につけることで展望が開けるとの考え方である。

であるからこそ，社会教育行政は，急激な社会変化に対応する能力を生涯にわたって身につけるべきという「社会の要請」に適合した，高い公共性のある学習機会の提供を多様に提供するために，社会教育に対する「個人の要望」を精査して，順位づけて実行する必要があると考えるのである。まとめるならば，公的社会教育においては，限られた教育リソースを効率的に配分するために，「個人の要望」に先立ち，より「社会の要請」に合致した学習機会を提供することにあるということである。

以上を仮に「第一の立場」というならば，この第一の立場は，①公的社会教育を組織するに当たって「社会の要請」の実現を最優先課題とすること，②「社会の要請」は，「個人の要望」との関係の必然性は考慮されず，即時的・客観的な既定の事項であると見なされていること，③さらには時として「社会の要請」と「個人の要望」は対立関係にあることを前提としているといえる。

2　生涯教育をめぐる国際的動向──「銀行型知識の集積」から変革の主体へ

しかし，この前提は人間と社会の関係を考えるにあたって本当に相応しいものであろうか。ここで，生涯にわたる発達と自己実現を保障するという生涯教育（生涯学習）の理念の国際的到達点について，ユネスコの動向を中心に考察してみたい。

そもそも，教育が子ども時代の学校教育において完結するものではなく，生涯にわたった自己実現に寄与すべきものであるという思想が，広く論議されるきっかけとなった会議は，1965年の第3回成人教育推進国際委員会である。

当時,ユネスコの成人教育部長であったラングラン(Lengrand, P.)は,この会議の報告のなかで,人々の自己実現のために,社会の急激な変化に対応し現実と切り結んだ教育の生涯にわたる保障の必要性を主張した。ここで注意しなければならないことは,彼は教育の社会変化への対応の必要性を論じたのであって,社会変化の現実をア・プリオリに肯定して,それへの無条件な適応を是としたわけではないということである。彼は,社会的存在である人間が自己実現をするにあたって,社会自体が人々の望む住みやすい世界を保障する方向に変わる必要があり,そのためには,社会の現実を主体的に変える教育の必要性があることもまた同時に提示したのである。彼は,技術的・経済的変化にのみ目を向けるのではなく,民主主義をキーワードに人々の参画への力の獲得の必要性を次のように述べている。「現代の人びとは,哲学や芸術や市民政治,市民生活のことについて,他人に権利委譲をすることはできず,自分で考え,自分でつくり自分で処理していかねばならないのだ」[2]。

この思想は,彼の後を継いでユネスコ成人教育部長に就任したジェルピ(Gelpi, E.)によってさらに深められる。彼は次のように述べている。

「生涯教育は,生産性の向上や従属の強化のためとり入れられ,結果的には既成秩序の強化の具と終わる危険を内包している」としたうえで,「既成秩序を擁護するために,あるいはまた,応用科学とテクノロジーの結果もたらされた『変化に民衆を適応させる』ために必要とされる」教育と決別し,「個々人の動機」に基づいた「教育の目的,内容,方法への個人の統制を意味する」自己決定学習(self-directed leaning)が実現されなければならないとした。そして,そのためには,社会変化の動向や社会秩序を,そのまま肯定するのではなく,自らにとってどのような意味をもつのかを問い直し,教育を学習者自らが望むものへと方向づけていく必要があると主張したのである[3]。

このようなユネスコを中心に進められてきた生涯教育の国際的動向のなかで,識字教育を中心に成人教育の推進において中心的役割を果たしてきたフレイレ(Freire, P.)は,学習の必要性を次のように述べている。

人々のある者は,よりよい自己実現を求めて,ちょうど銀行に貯金するよう

に，所与の社会で有用とされる知識を習得し，その量の多寡によって当該社会における自らの価値をアピールしようとすることがある。このような「銀行型知識」は，当該社会への過度の適応を生むだけで，ますます自己の希望する方向とは別の方向に，自らを従属させていくだけである。この状態では，人間は「他者のための存在」でしかない。このような状況から抜け出すには「現実のなかに埋没していた人間が，批判的自覚をもってみずからを現実のなかに差しこむ」ことのできる力，いいかえるならば，世界を批判的に省察すること（＝フレイレはこれを「意識化」という）が必要である。この意識化する力は，社会的実践のなかでの対話によって生まれる。実際に社会に働きかける実践のなかで，教育者と学習者の，あるいは学習者相互の緊張関係が生まれ，これが課題のなかに含まれる矛盾を映しだし，これを客観化することで問題の本質を明らかにしていくのである。すなわち，対話を通じた意識化によって，人間は現実への埋没から抜け出し，因果関係を認識するとともに，目的を設定し，「みずからを編成し，最善の反応を選び，みずからを吟味し，行動し，変革する」主体となることができると考えるのである[4]。

3　学習権宣言と教育を創る権利

　このように考えると，生涯教育の国際的動向は，学習が人々の自己実現に結びつくためには，前述の「第一の立場」のように学習を「所与の前提とする社会変化への適応」としてとらえることを否定し，逆に自らを取り巻く現実のなかから，よりよい生活や自己実現を達成するために必要な課題を見いだし，その課題を解決するために，実践をともなった学びあう関係，すなわち教育をともに創り出すことにある，といえるのではないだろうか。

　1985年3月に行われた第4回ユネスコ国際成人教育会議は，明確にこの立場に立って「学習権宣言」を採択した。同宣言は，学習の意味を「学習活動はあらゆる教育活動の中心に位置づけられ，人々をなりゆきまかせの客体から，自らの歴史をつくる主体にかえていくものである」と宣言し，学習権を端的に，次のように定義した。

「学習権とは，読み書きの権利であり，問い続け，深く考える権利であり，自分自身の世界を読みとり，歴史をつづる権利であり，あらゆる教育の手だてを得る権利であり，個人的・集団的力量を発達させる権利である」。

このように同宣言の想定する「学び」とは，第一に世界を批判的に省察することで，自己に必要な課題を認識し，その必要性に応じて教育を創ることのできる主体的力量を育てるものであり，第二にそうして得た認識を深め，自己実現を為すために社会を変革する力を育てるものであり，第三にそのために仲間と共同（協働）することのできる力量を育てるものであるといえる。

この「学習権宣言」の立場に立つのならば，行政が為すべき社会教育の権利保障の本質は，「第一の立場」のように「多様な学習機会の提供」ではなく，「人々が自己の必要に応じて共同（協働）して教育を創ることのできる環境を醸成すること」になるのである。

②　社会教育の権利と教育を創る力の保障

以上のように，社会教育の権利を，人々が自己の必要に応じて共同（協働）して教育を創る権利とみなし，社会教育行政の役割はその環境醸成にある（以下，これを仮に「第二の立場」という）と抽象的に論じてもイメージが湧きづらい。そこで以下では，事例を通じてその意味を検討していきたいと考える。

ある自治体の公民館で，圧倒的に利用率が高いのが音楽室であった。利用率が高いのは，地域にあるいくつものカラオケサークルが音響設備の良い公民館を利用していたためである。ところが音楽室の音響設備が老朽化し，改修を必要とする状態になった。見積りを取ってみると，高額な費用がかかることが判明した。この場合，この自治体は音楽室の改修をすべきであろうか。

おそらく，第一の立場に立つと，カラオケは，個人の趣味・嗜好に基づく「個人の要望」であって，それに費用を割くよりも，もっと「社会の要請」に沿った講座（たとえば，介護講座や環境問題サークルなど）を優先すべきであると考えるかもしれない。これらの講座やサークルの開催には，とくに防音設備を必要としないので，少ない教育資源を改修に割くことなく，音楽室を普通の研修室

に改修することを選択する可能性が高い。

1 「個人の要望」に潜在する「社会の要請」

　しかし，第二の立場は，第一の立場とは逆に，出発点を「個人の要望」に求め，その実現のなかに社会的要請と公共性を見いだすわけだから，これとは異なった結論に導かれる場合が多い。

　そもそも当該自治体でカラオケがはやるのは，人々がそこに「生きがい」を感じているからである。一見，個人的な趣味・嗜好の現れに見えるこの要望にこそ，社会的要請が反映されていると考えるのである。たとえば，注意深い社会教育職員ならば，当該自治体は近隣都市のベットタウンとなっていて，新住民が多いことに気づくかもしれない。このため，古くからの地域のように共同体が十分に形成されておらず，地域社会の人々の交流が薄い。

　また参加者を分析すると，日頃一人で家に居ることの多い主婦層，高齢者，あるいは定年退職で行き場を失った男性が多いことにも気づく。これらの人々は，年齢・性別こそ違え，実は現在の地域生活のなかで孤独感を強く感じている人々であり，仲間や居場所をつくりたいと考えている人たちである。

　ある日，サークル例会には必ず一番初めに来て音楽室の用意をするAさんが，例会が始まっても公民館に現れなかった。仲間は「珍しいこともあるものだ」と思ったものの，遅れてくるだろうととりあえず例会を始めた。例会が終りに近づいても，まだAさんは来ない。とくに仲の良いメンバーの一人が「そういえばAさん，一人暮らしだったよね」と言った。「もしかして，高齢だから一人で倒れて居るのでないか」と誰となく言い，みんなでAさんの家を訪ねた。すると，Aさんは倒れてはいなかったものの，不注意で躓いたため足の骨を折ってしまい，ほとんど動けない状況だったのである。そこで，Aさんが動けるようになるまで，サークルの仲間が買い物や洗い物の手伝いをするようになった。実は，お手伝いを始めた人のなかには，独居の高齢者も居て，同じようにいざというときに苦労した覚えがあったからだ。それ以降，時々，独居の高齢者のことがサークルでも話題になっている。

サークル活動の相談を受けたとき，こうした状況が出現したことに気づいた社会教育職員は，地域社会の繋がりの薄さと高齢者の独居問題に気がつく。その場合，こうしたサークルのメンバーに声をかけて，彼らを中心に独居高齢者問題，あるいは介護についての公民館講座を開くことになるだろう。第一の立場では，カラオケという個人の要望の充足を否定したうえで同様の講座を開くことになるのに対し，この第二の立場では，カラオケという個人の要望の延長上に，社会の要請の反映を見いだし同じように講座を開いたわけである。

2 個人の要望をつなぎ，地域をつくる

この事例は，多少の脚色があるものの或る地域での実際のできごとである。このあと，Aさんは仲間の支えで，すぐに体調を回復して，またもとのようにカラオケサークルで活躍をしている。実は，Aさんは骨折で自由に動けなくなったとき，「もうこれで終わりかなぁ」と思ったそうである。高齢者が骨折をした場合，それがもとで寝たきりに成る場合も少なくない。しかし，仲間とのつながりが生活の支えになったうえに，「早く直ろう」という意欲が早期の回復にもつながったわけである。Aさんは，元気になってから，仲間とともに公民館の高齢者問題の講座にも参加し，現在ではこの講座をきっかけとしてできた高齢者に対するボランティアサークルにも参加している。

さらに，この公民館主催の高齢者問題の講座には，カラオケサークルのメンバーのつれ合いも「おつきあい」のつもりで参加していた。これが縁で，そのつれ合いが参加する「ダンチュウの会」(「男子厨房に入ろう」会。定年した男性が，地域での新しい繋がりを求めて立ち上げた趣味の料理を作る会) が，前述のボランティアサークルの主催する，独居高齢者を中心とした交流会に食事を提供するという役割を担うことになった。数カ月に一回であるが，地域のお年寄りにしてみれば交流会は「生きがい」につながるし，ダンチュウの会にしてみれば自分のつくったものを喜んで食べてもらえることが「やりがい」につながっている。交流会に参加したり，自分たちの出した料理の感想を聞いたりするなかから，「高齢になると食欲が落ちること」，「一人暮らしだとつい偏食しがちなこと」がわかり，

盛りつけの工夫，高齢者に不足しがちな栄養にも目を向けた料理研究にもつながった。これを通じて，会のメンバー自身の食事改善にもつながってきている。

このように，出発がきわめて個人的な要望であっても，その要望が出てくる社会的背景を省察的に分析することで，より公共性の高い社会の要請に基づいた教育活動の展開に結びつく。また，当該事業に参加した人々がさまざまな対話を通じて，あらためて自らの生活を見直し，よりよい自己実現と地域づくりのために社会に働きかける実践的な主体に成長していくことにもつながっている。生活のなかでぶつかる課題を，仲間とともに検討し実践を導き出し，さらに実践の省察的検討を共同で行うことで自らを取り巻く環境を変革していく主体となる関係性の保障こそが，社会教育の権利保障の本質なのである。

3 社会教育の法と制度

以上，第二の立場に立って社会教育の権利保障の本質をとらえるならば，社会教育行政は，住民の生活に根づいた共同の学びを基礎に自主的な教育文化・レクリエーション活動がより広く展開されることを目的に運営されなければならない。このため教育基本法・社会教育法は，以下にあげる四つの運営原則を採用している。

1 国民の学習の自主性・自由の尊重と施設主義の原則

第一は，国民の学習の自主性・自由の尊重と施設主義の原則である。教育基本法第12条第2項は，国及び地方公共団体（以下，「国等」という）の行うべき社会教育振興のための基本的施策として「図書館，博物館，公民館その他の社会教育施設の設置，学校の施設の利用」等をあげており，社会教育法第3条もまた「社会教育の奨励に必要な施設の設置及び運営」を行政の任務として一番にあげている。これは，社会教育が基本的には住民の自由で自主的な教育文化活動のうえに成り立つべきであって，行政はこうした住民の活動が保障されるよう施設の設置と整備にこそ力を入れるべきであるという考え方の現れである。

2　環境醸成・助長行政の原則

　第二は，環境醸成・助長行政の原則である。このような国等の第一義的義務を施設の設置・整備にあてる考え方は，同時に国等の任務遂行の手段に対する規制としても現れる。社教法第3条は国等の社会教育の奨励施策の例示として，①施設の設置及び運営，②集会の開催，③資料の作製・頒布としたうえで，「自ら実際生活に即する文化的教養を高め得るような環境を醸成するように努めなければならない」と結んでいる。通常，行政機関の任務の遂行に当たっては，命令・監督等の公権力の行使が主な手段として想定されているが，社会教育行政においては，これとは逆に上述のような非権力的な行為が主たる手段として想定されており，その目的も住民の自主的教育文化・レクリエーション活動のための環境醸成という助長的なものに限られていることに現れている。

　このことは，教育委員会において社会教育行政を掌握する社会教育主事の任務が，「社会教育を行う者に専門的技術的な助言と指導を与える」ことに限られており，加えて「命令及び監督をしてはならない」と限定されていること，および社会教育関係団体や関係者に対する助言も原則として「求めに応じ」たものでなければならないとしていることからも明らかである（社会教育法第9条の3）。

3　住民自治の原則

　第三は住民自治の原則である。社会教育を所掌するのは，原則として教育委員会である。教育委員会は一般行政から独立しており，委員のなかには住民代表の性格をもつ者も加えられていることなど，教育の住民自治を守るうえで大きな役割を与えられている。しかし，社会教育に関わる制度は，こうした教育行政一般に見られる以上に，住民自治を大切にしている。

　たとえば，当該地方公共団体の社会教育に関する諸計画を立案・審議し，教育委員会に対して社会教育に関する助言を行うために設けられた社会教育委員についても学識経験者のほかに，地域の教育文化活動の向上に資する活動を行う者を想定しており（社会教育法第15条），ここにも住民自治の原則が示されて

いる。また、社会教育施設についても、公民館には「館長の諮問に応じ、公民館における各種の事業の企画実施につき調査審議する」(社会教育法第29条)機関として公民館運営審議会を置くことができるようになっており、旧社会教育法ではその構成員に当該公民館で社会教育活動を行う者の参加を想定していた。また同様の施設が図書館については図書館協議会(図書館法第14条)、博物館については博物館協議会(博物館法第20条)が構想されているのである。

4　市町村中心主義の原則

前述のように社会教育の権利保障の本質は、一人ひとりの生活のなかでぶつかるさまざまな問題のなかから学習課題を見いだし、その解決のために仲間とともに、自主的に学び合う関係を創り出すことのできる環境を保障することであるとしたならば、社会教育活動の場は、住民の生活に密着し、実際に学び合う関係をつくることのできる範囲が最も重要視されなければならない。

社会教育法第3条は「自ら実際生活に即する文化的教養を高め得るような環境」の重要性をうたっているが、これは教育が基本的人権としてとらえられ、一人ひとりの要望に沿った形で社会教育が展開されることを構想され規定されたものである。このことは、戦後教育改革においてGHQ民政局において社会教育法成立に深く関与したネルソン(Nelson, J.M.)の叙述からもうかがえる。彼は、公民館を住民の教育文化活動の拠点と位置づけるだけではなく、民主主義の学校(それは戦前のように国等の上長の指示に自らを適合させようとするのではなく、自らの判断で仲間と共同して新しい社会を切りひらいてゆく民主主義の力量をはぐくむ場)として位置づけた。そして公民館の設置・運営の単位としての地域共同体にふれ、「顔と顔を突き合わせることのできる関係(face-to-face relationships)のなかでの民主的手続きを実践することのできる場所」であるべきだと主張した[5]。それゆえに、中心的社会教育施設として位置づけられる公民館の設置・整備義務は市町村教育委員会にのみ課されており(社会教育法第21条)、都道府県には公民館設置義務はなく、都道府県には市町村間の連絡・調整・研修や、市町村ではまかないきれない施設の設置が義務づけられているのである(社会教育法第6条)。

4 社会教育をめぐる現代的課題

1 指定管理者制度をめぐる問題

　これまで多くの社会教育施設は，原則として国・地方公共団体によって直接に運営されてきた。しかし，2003（平成 15）年に地方自治法を改正してできた「指定管理者制度」（地方自治法第 244 条の 2）はその様相を大きく変えつつある。この制度は公立施設に民間活力を導入することで，より柔軟に効率的に公的施設を運営しようとするものである。

　同制度が，従来の管理委託制度と異なる点は次の 3 点である。第一に委託できる団体が営利企業や NPO 等の団体にまで拡大されること，第二に施設の利用料を指定管理者の収入とすることができること（ただし，公共図書館は法律で入館料をとることが禁止されている），第三に従来の管理受託者が行うことのできなかった施設の使用許可などの行政権限までも行うことである。このように，運営の実質が行政の定める基準・規則に沿って行われる従来の管理委託制度に比べて，指定管理者制度においては日常の運営は基本的に管理者に委ねられるため，住民ニーズによりあった運営を行うことができると，考えられている。

　確かに，業者等による運営は，運営費を委託料として一括して縮減できるというメリットがあるが，一方で委託費にかかるディスカウント圧力（委託を得るために他社より委託費見積りを圧縮する）により，指定管理者による事業費，とりわけ人件費の縮減につながり，事業数の逓減や質の低下を招き，労働条件の悪化から専門職の長期的な確保が難しくなる危険性もある。また，委託期間毎に受注業者が変わる可能性があるので長期的な計画を立てづらくなる。このような状況になった場合は，住民ニーズよりも経済的合理性が優先される可能性が高いといえる。

　一方で，同制度は，地域の教育文化団体が管理者の地位についた場合，積極的な意義をもつ面も少なくはない。営利的運営ではなく，一種の有償ボランティアとしての性格が強くなり，地域住民の意思がより直接的・自主的・効率的に社会教育施設に反映され，望ましい運営がなされるためである。

2 地域と学校をめぐる諸課題

　学社連携・融合については，これまで繰り返し話題になってきているが，近年は家庭・地域の教育力の低下をうけ，学校と家庭・地域をつなぐパイプ役に，社会教育活動に携わる住民の協力が構想されることが多くなってきている。

　行政がかかわる社会教育事業においても，あるいは住民の自主的な教育文化活動においても，学校との連携はトレンドになっており，実際にさまざまな成果を上げてきている。

　こうしたなかで，政府は地域住民の学びの成果を生かし，学校を支える応援団を創る事業として，2008（平成20）年より学校支援地域本部事業を強力に推進している。同事業は，地域コーディネーター，学校ボランティア，地域教育協議会の三つによって構成されたもので，有償の地域コーディネーターが教員に変わって学校の必要とするボランティアを組織し，地域教育協議会を活用して，地域に学校の経営方針を示すとともに，意見をもらうことで活性化することを想定している。ここには直接的には社会教育活動は出てこないが，学校ボランティアや地域コーディネーターについては，社会教育活動によって力量を積んだ者，あるいは地域を熟知している者が想定されており，ボランティア等に参加することで住民の日頃の社会教育の成果が生かされることを構想している。

　しかしながら，ここで留意しなければならないことは，「奉仕のスキル」を得ることだけが社会教育の目的なのではなく，地域住民がボランティア，コーディネーターとして活動するなかで認識された地域や学校のさまざまな課題を，地域教育協議会等において共有し，よりよい地域社会や学校をともに創るためにはどうしたらよいのかという共同の学び創る動きに結びつける役割を社会教育が果たすことの方が重要なのである。この共同の「学び」がコーディネーターやボランティアの間になければ，それは一方的な学校の奉仕となるだけである。

　このように指定管理者制度も，学校支援地域本部も，住民自治を豊かにする可能性がある一方で，政策推進者の側には主にコストの面から「必要とする支援策」を打ち切り，地域住民で動員・代替するという狙いが潜む場合がある。言い換えるならば，所与の前提（政策意図）のもとに，人々を適合させていこう

とする流れである。

　しかしながら，社会教育が，一人ひとりの生活のなかから課題を見いだし，それを解決する集団の力を養成することにあるとしたならば，適合だけではなく社会そのものに対する働きかけが必要不可欠である。ボランティアが単なる都合の良い奉仕者ではなく，未来を切りひらくものになるためには，「一人ひとりの要求をつなげ，よりよい地域社会を展望するための学び」すなわち社会教育活動の充実が，今，一段と求められているのである。　　　　【廣田　健】

注
（1）　生涯学習（教育）は教育を受ける権利を生涯にわたりライフスタイルにそって体系的に保障する理念のことであり，社会教育の概念と同一とはいえない。しかし，この概念は，教育を学校にとどめず，地域での学びや学卒後の成人期以降にも積極的に保障することを視野に入れている点で，実質的に社会教育の権利を保障するものと考えて良い。
（2）　波多野完治『生涯教育論』小学館，1972年，60頁。
（3）　ジェルピ，E.著，前平泰志訳『生涯教育―抑圧と解放の弁証法』東京創元社，1983年，16-18頁。
（4）　フレイレ，P.著，里見実他訳『伝達か対話か』亜紀書房，1982年，15-16頁。
（5）　Nelson, J.M., *The Adult-education Program in Occupied Japan, 1946〜1950*, Doctoral dissertation: Univ. of Kansas, 1954, p.200.

考えてみよう
1．「社会教育行政の役割は多様な学習機会の提供にある」という考え方に対して，あなたはどのように考えますか。
2．「環境問題などの地域の課題を取り上げる学習サークルは，カラオケ等のレクリエーション・サークルよりも公共性の高いものであり，行政は学習サークルを優遇すべきだ」という考え方に対して，あなたはどのように考えますか。
3．社会教育行政の運営原則をあげて，それらの原則がなぜ必要なのかを説明しなさい。

参考文献
注に示した文献のほかに，次のような参考文献がある。
フレイレ著，三砂ちづる訳『被抑圧者の教育学』亜紀書房，2011年
碓井正久編『戦後日本の教育改革（10）　社会教育』東京大学出版会，1971年
島田修一編著『社会教育―自治と協同的創造の教育学』国土社，2006年

第8章　教育行政をめぐる法と制度

1　教育と教育行政

1　教育を受ける権利・学習権と教育行政

　日本国憲法（以下，「憲法」という。）には基本的人権の一つとして「教育を受ける権利」（第26条）が定められている。教育行政の任務と活動の在り方も，この権利の保障を基本に考えなければならない。

　「教育を受ける権利」は第一に，教育の機会がすべての国民に平等に保障されることを内容としている。教育制度上，これを「教育の機会均等」原理という（教育基本法第4条参照）。国民には，人種・信条・性別・社会的身分・門地の別なく，また経済的地位の差異が教育機会の格差につながらないよう国・地方公共団体が必要な措置を講ずることにより，さらに一人ひとりの能力の発達の必要に応ずるという意味で「能力に応じて」，学習・教育の機会が保障されなければならい。

　最高裁判所大法廷も，北海道学テ裁判の判決（1976年）で，「教育を受ける権利」の背後には，「国民各自が，一個の人間として，また，一市民として，成長，発達し，自己の人格を完成，実現するために必要な学習をする固有の権利を有する」との観念が存在することを認め，国民には生まれながらの権利として学習権が保障されていることを確認した（35頁コラム参照）。また，最高裁は，とくに子どもには「学習要求を充足するための教育を自己に施すことを大人一般に対して要求する権利」が保障されると述べ，学習の権利性とともに，教育は大人の子どもに対する責務であることを確認した。

　こうした意味で，「教育を受ける権利」は生存権（憲法第25条）や勤労権（同

第27，28条）に並ぶ社会権的基本権の一つに数えられ，国・地方公共団体は必要かつ適切な施策を積極的に講ずることにより，すべての国民がこの権利を享受できるようにする責務を負っている。

　第二に，「教育を受ける権利」は，公教育が「権利としての教育」と呼ぶにふさわしい目的・内容・方法で実施されることを求めている。教育基本法第1条にも「教育は人格の完成を目指し」と定められているように，公教育は時々の政治・経済の短期的利害に左右されることなく，国民一人ひとりの人間としての成長発達の保障を目的に行われなければならない。国家が学校教育や社会教育を通じて国民にかたよった価値観や知識を注入するようなことがあってはならないし，公教育がもっぱら経済産業界の労働力需要に対応する人材養成の場になってはならないのである。

　最高裁は上記判決で，「子どもの教育は，教育を施す者の支配的権能ではなく，何よりもまず，子どもの学習をする権利に対応し，その充足をはかりうる立場にある者の責務に属する」と述べている。公教育を通じて子どもを支配してはならないという戒めは，直接教育に携わる保護者や教員だけでなく，むしろそれ以上に公教育を管理する教育行政機関によって重く受け止められなければならないだろう。

2　教育の自主性と教育行政の任務

　公教育とは，国民の学習権を充足することを目的とする社会的・共同的な制度・事業の総体であり，今日では国・地方公共団体の公教育制度として組織されている。そして，公教育を組織しかつ継続的・安定的に維持管理する業務もまた国・地方公共団体によって担われており，これを「教育行政」と呼んでいる。つまり，教育行政とは公教育を管理する業務であり，今日では公行政（public administration）の一環として国・地方公共団体によって管理執行されている。

　では，「公教育を管理する」とは，どういうことをいうのか。日本における教育行政の実態を見ると，その範囲はたいへん広く，学校の設置管理，教科書

検定・採択，教育課程管理，教員人事，教育財政，私立学校の設置認可などに及んでいる。また，教育行政の手段には規制（学校設置基準，教科書検定，私立学校の設置認可など），助成（義務教育費の国庫負担，私学助成など），指導助言（教育課程基準など），実施（国公立学校の設置，教職員研修の企画実施など）などがある。

たとえば，義務教育期間の年齢にある子ども（学齢児童生徒）に関する教育行政は，学齢簿の調製，就学時検診，就学指導，保護者への就学通知，就学校の指定・変更，就学義務の猶予・免除などを内容とし，また経済的に就学困難な児童生徒に対する経済的援助（就学援助）をともなう。また，教科書に関する教育行政の活動は，文部科学大臣による教科書検定や教育委員会による教科書採択（公立小中学校の場合）といった権力行政と，教科書の無償給付・無償給与（義務教育の場合）といった給付行政を内容としている。

しかし，国や地方公共団体が公教育を管理する業務を担当しているからといって，教育行政機関（文部科学省，教育委員会，首長）が自由気ままに国民の学習活動を制限したり，教育機関（学校，図書館，博物館など）の教育活動を不当に規制したりすることが許されるわけではない。公教育は国民に対する学習権の保障を目的とする社会的営為なのだから，その管理にあたる教育行政もまた学習権保障を目的に行われなければならず，教育行政機関が教育機関に不当な制限を加えることは「不当な支配」（教育基本法第16条）に該当するものとして禁じられる。

つまり，教育行政すなわち公教育の管理業務は，(1)国民の学習権保障を目的とし，(2)学習権保障に直接携わる教育機関の教育専門性とそれに基づく自律性を尊重しつつ，(3)教育条件整備を通じて国民の学習・教育活動を守り支えるものでなければならない。

2006（平成18）年12月の教育基本法改正の際，同法に教育振興基本計画に関する規定が新設された（第17条）。これは政府が「教育の振興に関する施策の総合的かつ計画的な推進を図るため，教育の振興に関する施策についての基本的な方針及び講ずべき施策その他必要な事項」を定めるもので，地方公共団体にもこれを参酌して「教育の振興のための施策に関する基本的な計画」を策定

する努力義務を課している。教育振興基本計画は教育への不当な支配と教育行政の中央集権化をもたらす可能性があると懸念されている。

現実の教育行政は時の政権の政治的意向によって左右され、また国民の人間的成長よりも経済産業界からの要求を重視する傾向にある。また、国民の学習要求や教育の自主性・自律性が教育行政機関によって不当に制限され、あるいは学問的真実や文化的諸価値の教授が妨げられることも少なくない。このため、教育政策や個々の教育行政活動をめぐってさまざまな教育紛争が生じ、そのいくつかは教育裁判や政治問題に発展している。教育行政には学習権保障のための教育条件整備という本来の任務に立ち返ることが求められる。

3 法律主義と法律万能主義

戦前における日本の教育制度は、明治天皇が発した「教育ニ関スル勅語」(教育勅語、1890年)を基本理念とし、学校教育に関する基本的事項はすべて天皇の勅令(「小学校令」「大学令」など)という形式で定められた。これを勅令主義という。そして、教育財政に関する事項を除き、帝国議会でさえ教育制度に関与することはできなかった。国民(臣民)にとって教育を受けることは天皇・国家に対する義務であり、教育の究極的目的は「一旦緩急アレハ義勇ニ公ニ奉シ天壌無窮ノ皇運ヲ扶翼」(教育勅語)する国民を育てること(国家の非常時には天皇と国家を守るために一身を捧げよ)に置かれた。

しかし、第二次世界大戦での敗戦後、日本は国家・社会の諸制度を改革するとともに、国民が平和的な文化国家にふさわしい価値観を共有できるようにする課題に取り組んだ。教育制度もまた憲法の基本原理(国民主権、基本的人権の尊重、平和主義)にふさわしいものに再建すべく根本的な改革が進められた(戦後教育改革)。そのなかで、新しい教育の理念と教育制度の基本原理を定める法律として教育基本法(1947年3月～2006年12月)が制定され、教育勅語とその理念は排除された。このとき、勅令主義も否定され、以後、教育に関する事項は憲法および教育基本法に基づき法律で定めることとされた(旧教育基本法第11条)。これを法律主義と呼び、今日も新教育基本法第18条に継承されている。

戦前は帝国議会の関与さえ認めず天皇制国家の文部官僚が公教育を掌握したのに対して，戦後は公教育に関することは国民代表で構成される国会における議決に基づき法律で定めることとされた。これは国民主権原理を公教育制度に適用したものといえよう。教育行政機関が法律の根拠なく規則を定めたり，法律に反する行政活動を行ったりすることはもはや許されない。

法律主義の根底には「法の支配」原理があるが，これは法律の定めるところにより国民の権利自由を制限できるということではない。「法の支配」とは，国民主権・基本的人権尊重の原理に立って，国・地方公共団体の行政権の行使を法で縛り，国民の権利自由を確保するという原理である。教育行政もまた国民主権・住民自治の下で国民・住民の教育意思の実現と，学習権・教育を受ける権利をはじめとする基本的人権の保障を目的に行われなければならない。

ただ，法律主義はしばしば「法律万能主義」と混同・曲解され，政治的多数派の考え次第で教育制度をどのようにでも改編できると主張されることがある。しかし，たとえ法律をもってしても，国の最高法規である日本国憲法に定める「教育を受ける権利」や学習権を制限することは許されない。また，学習・教育という事柄の本質に発する条理（教育条理）に反して法令を制定改廃することもいちじるしく不当な立法行為として退けられるべきものである。

2 「教育の地方自治」原理

教育行政は国と地方公共団体の連携によって一つの総体として成り立っているが，教育行政に関して国－都道府県－市区町村はどのように役割を分担し，その遂行に必要な権限はどのように配分されているのだろう。次の第3節で教育委員会や文部科学省の所掌事務や権限について学ぶ前に，国－都道府県－市区町村の教育行政のしくみがどのような原理で編成されなければならないかを確認しておこう。

1 憲法原理としての地方自治

憲法には，立法・司法・行政と並ぶ統治機構として，地方自治の原理と組織

が定められている。前者は三権分立による国家権力の一極集中を排除し、後者は中央－地方間での権限分散により権力の中央集中を防止することにより、国民主権と基本的人権保障を確実にしようとするものである。つまり、憲法に定める地方自治原理は国民主権原理を地域の政治・行政の基本に据える地方制度の組織原則である。

このため、自律性をもって政治・行政を行う地域的単位として組織された地方公共団体は、「地方自治の本旨」（住民自治と、それを基盤とする団体自治）に基づいて組織・運営され、「住民の福祉の増進を図ることを基本として、地域における行政を自主的かつ総合的に実施する役割を広く担う」（地方自治法第1条の2）ものでなければならない。このため、地方公共団体には「その財産を管理し、事務を処理し、及び行政を執行する権能を有し、法律の範囲内で条例を制定する」（憲法第94条）権限が付与されている。

日本国憲法は、国民に都道府県・市区町村を単位とする地方自治を保障するとともに、国・都道府県・市区町村が対等な立場で相互に連携して国民・住民の福祉を増進することを期待しているのである。

2　「教育の地方自治」原理

「地方自治」原理は教育・教育行政にも適用され、「教育の地方自治」と呼ばれている。

「教育の地方自治」原理が重視される背景には、戦前における中央集権的官僚支配に対する深い反省がある。戦後教育改革の推進に大きな役割を果たした教育刷新委員会は、官僚的画一主義と形式主義の是正や、教育における公正な民意の尊重などとともに、教育の自主性の確保と教育行政の地方分権を建議した（1946年）。地方分権は必ずしも住民自治の要素を含むものではなく、地方自治と同義ではないが、教育刷新委員会は公選制教育委員会を担い手とする「教育行政の地方分権」を建議しており、教育の自主性と住民自治を基盤とする「教育の地方自治」の実現を目指していたと考えられる。

これを受けて、教育委員会法（1948～1956年）が制定され、「教育の地方自治」

原理に基づく地方教育行政制度として教育委員会制度が創設された。これは教育委員を住民の直接選挙で選出することにより，住民の教育意思を地方公共団体の教育行政に反映させようとする制度であった。そして，国の教育行政からの自律性を確保するとともに，政治選挙で選出される首長の意向に左右されることなく，政治的・宗教的に中立な立場で地域の教育行政を担当する行政機関となることが期待された。

　最高裁判所も，北海道学テ判決（第1節参照）において，「戦前におけるような国の強い統制の下における全国的な画一的教育を排して，それぞれの地方の住民に直結した形で，各地方の実情に適応した教育を行わせるのが教育の目的及び本質に適合するとの観念に基づくものであって，このような地方自治の原則が現行教育法制における重要な基本原理の一つをなすものであることは，疑いをいれない」と判示した。この判決が言い渡された1976（昭和51）年当時は，地方教育行政の組織及び運営に関する法律（1956年，以下「地方教育行政法」という。）による任命制教育委員会制度の発足により教育行政の中央集権化が相当程度進行していた。しかし，最高裁も「教育の地方自治」を教育行政制度の基本原理として積極的に承認したのである。

　ただ，1950年代の半ば以降における教育行政の現実に関する認識として，中央集権化の進行と，「教育の地方自治」原理に対応する制度の多くが有名無実化したことは否定することはできない。この背景には，戦後教育改革期における中央政府の教育行政改革＝文部省改革がたいへん中途半端なものに終わったという事情がある。「教育の地方自治」原理が地方教育行政の組織・運営原理として現実に機能するか否かは，中央政府の教育行政の質に大きく左右されざるをえないのである。

3　教育委員会とその権限

　今日，教育行政は国及び地方公共団体によって，それぞれの公行政の一部として遂行されている。そのため，国・地方公共団体には公教育を所掌する行政機関が置かれている。日本の場合，国の教育行政機関として文部科学大臣・文

部科学省があり，地方公共団体には教育委員会が置かれている。また，地方公共団体の首長も教育行政の一部を担当しているし，国の他府省も教育政策の企画立案や教育財政に深く関係している。ここでは，教育委員会の組織と職務権限を概観する。

1　教育委員会と事務局

　都道府県，市区町村およびこれらの組合（教育組合）には，必置機関として教育委員会が置かれている。教育委員会は首長部局の部・課などとは異なって，選挙管理委員会や公安委員会と同様，首長の指揮命令系統に属さない独立行政機関である。また，教育委員会は首長のような独任制の行政機関ではなく，委員の合議に基づいて教育事務を管理執行する合議制の行政委員会である。つまり，教育委員会は合議制独立行政委員会として設置され，教育行政の独自性・自律性が担保されている。

　教育委員会は通常，5名の教育委員（特別職公務員）によって構成されるが，条例の定めるところにより都道府県および市は委員を6名以上とし，町村は3名以上とすることができる。教育委員は首長の被選挙権を有する者（都道府県は30歳以上，市区町村は25歳以上）で，「人格が高潔で，教育，学術及び文化に関し識見を有するもの」のなかから，首長が議会の同意を得て任命する（地方教育行政法第4条第1項）。ただし，首長は児童生徒の保護者を教育委員に加えなければならない（同条第4項）。また，同一政党に属する者が委員の過半数を占めることになってはならない（同条第3項）。教育委員の任期は4年で，再選は可能である（同法第5条）。

　教育委員会には，教育委員の選挙で選出する教育委員長が置かれる。教育委員長は会議を主宰するとともに，教育委員会を対外的に代表する（同法第12条）。また，教育委員会は委員のなかから教育長（常勤の一般職公務員）を任命する。教育長は，教育委員会の指揮監督の下，教育委員会の権限に属するすべての事務をつかさどる。教育委員会は教育行政に関する意思決定のため，会議を開き（在任委員の過半数の出席を要する），出席委員の過半数により決する。委員長は

議決に参加できるほか，可否同数のときは委員長の決するところによることとされている（同法第13条）。

　また，教育委員会には事務局を置き，教育長の統括の下，その権限に属する事務を処理させる（同法第18条）。事務局には指導主事，事務職員，技術職員などの職員を配置し（同法第19条），教育長が指揮監督する（同法第20条）。このうち，指導主事は「上司の命を受け，学校における教育課程，学習指導その他学校教育に関する専門的事項の指導に関する事務に従事する」（同法第19条第3項）。教育の内容・方法など（教育内的事項）に関する教育行政は，教育の自主性尊重の立場から指導助言援助を基本とされており，指導主事にはその最前線を担うことが期待されている。なお，教育委員会は公立学校の教員を指導主事として勤務させることができ（同条第4項），これを一般に「充て指導主事」と呼ぶ。

　教育委員会制度は元来，住民の教育意思を代表する素人の教育委員による統制（layman control）と，教育・教育行政に関する専門性を有する教育長の指導性（professional leadership）により，地域の教育事務を地方自治的・教育自治的に管理執行する制度である。教育委員会法の時代（1948〜56年）には，教育委員は住民の直接公選によって選出され（公選制教育委員会制度），また教育長の専門性を確保する制度（教育長免許状）の実現が求められていた。

　しかし，地方教育行政法による地方教育行政制度の再編により，教育委員は首長による任命制となり（任命制教育委員会制度），教育委員の住民代表としての性格が弱まった。また，教育長の専門性を担保する制度も確立されなかった。このため，地方教育行政に住民自治と専門性を保証する契機が大幅に損なわれた。

　さらに，条例案・予算案の原案提出権が剥奪されたことにより，教育委員会は首長への従属性を強め，また教育長任命承認制の導入や膨大な機関委任事務を通じて国－都道府県－市区町村の縦の上下関係も強化された。また，都道府県や政令都市等の教育委員会には，教育長などの幹部職員として文部科学省の職員が出向し，文部科学省が地方公共団体の教育行政に影響力を行使するルートの一つとなっている。このため，教育委員会の形骸化や教育委員の名誉職化

が指摘されて久しい。

　地方分権の推進を図るための関係法律の整備等に関する法律（1999年法律第87号，いわゆる地方分権一括法）により一定の改善は図られたと評価する見解も見られるが，より根本的な改革として教育委員公選制の復活を求める声も根強い。しかし，今日では教育委員会制度そのものの廃止や任意設置化による教育行政の首長部局化や首長の影響力強化を目的とする制度改革への動きがある一方，学校ごとにその運営を担当する理事会を設置し，教育委員会の学校管理権の多くを移譲する制度改革案も提言されている。

2　教育委員会の職務権限

　行政機関が管理執行する所掌事務や職務権限は，法律によって定められ，または法律に基づいて国の行政機関が定める規則（政令，省令）あるいは法律の範囲内で地方公共団体が定めた条例によって，定められている。行政機関はこうした法的裏づけなしに行政行為を行うことはできない。

　地方教育行政法第23条には教育委員会の「職務権限」が19項目にわたって網羅的に列挙されているが，それらは次のように整理できる。

(a) 学校その他の教育機関の設置管理，教育財産の管理，教育委員会および教育機関の職員の人事に関する事項
(b) 学校教育に関する事項（学齢児童生徒の就学，児童生徒幼児の入学・転学・退学，学校の組織編制・教育課程・学習指導・生徒指導・職業指導，教科書・その他の教材，施設設備，校長・教員等の研修，保健・安全・厚生・福利，環境衛生，学校給食）
(c) 社会教育およびスポーツに関する事項
(d) 文化財保護に関する事項
(e) ユネスコ活動に関する事項
(f) 教育に関する法人に関する事項
(g) 教育の調査統計に関する事項
(h) 広報および教育行政相談に関する事項

同条ではこれらを「職務権限」と呼んでいるが，同条の規定は教育委員会の所掌事務を抽象的・一般的に示しているだけで，これにより教育委員会に具体的な権限が付与されたとは解しがたい。また，同条により包括的な権限が付与されているとも理解できない。教育委員会が具体的に権限を行使するためには，その権限の根拠となる具体的な法律の規定を必要としている。

上のように整理すると教育委員会の業務の中心は公立学校の維持管理に関する業務であることがわかるが，重要なことは教育委員会がいかなる手段を用いているかという点にある。この点に関して学界の通説は，「教育の自主性」尊重と「不当な支配」禁止の原則に立って，教育の目的・内容・方法に関する事項（教育内的事項）と施設設備の整備など（教育外的事項）とを区別し，前者に関連する教育行政には指揮・命令など強制的な手段を用いるべきではなく，指導・助言・援助によらなければならないと考えている（内外事項区分論）。しかし，現実の教育行政は，教育課程の基準として文部科学大臣が公示する学習指導要領を法的拘束力のある法規と見なし，それを根拠に各学校における教育課程や教員の指導内容（教育内的事項）に対して指導助言のみならず指揮監督も行っている。

なお，地方教育行政法第24条には首長の職務権限として，(a) 公立大学の設置管理，(b) 私立学校（大学・高等専門学校を除く）の設置認可等，(c) 教育財政の取得・処分，(d) 教育事務に関する契約の締結，(e) 教育予算の執行が定められている。このうち(a)は，公立大学は首長の所掌事務とされ，それ以外の公立学校は教育委員会が所管する（地方教育行政法第32条）ことに対応している。(b)は，私立学校の設置認可が都道府県知事の権限に属することを意味する。(c)〜(e)は，教育委員会が所管する事務に関連する予算執行・契約・教育財産は，首長が他の行政領域に関する予算執行などとともに一元的に管理することを意味し，これらは教育行政の独自性・自律性を低下させる要因にもなっている。

4 文部科学省とその権限

文部科学省設置法により，国の教育行政機関として文部科学省が設置され，

その長として文部科学大臣が置かれている。文部科学省は文部科学大臣を長とし，副大臣・政務官各2名が置かれる。また，文部科学省の事務機構として，大臣官房のほか，生涯学習政策局，初等中等教育局，高等教育局，科学技術・学術政策局，研究振興局，研究開発局，スポーツ・青少年局が置かれている。また，審議機関として，文部科学省設置法により科学技術・学術審議会，宇宙開発委員会，国立大学法人評価委員会，放射線審議会，独立行政法人評価委員会が置かれ，文部科学省組織令により中央教育審議会，教科用図書検定調査審議会，大学設置・学校法人審議会が置かれている。

文部科学省の主たる任務は「教育の振興及び生涯学習の推進を中核とした豊かな人間性を備えた創造的な人材の育成，学術，スポーツ及び文化の振興並びに科学技術の総合的な振興を図る」ことにあり，文部科学省が担当する事務は同法第4条に97項にわたって列挙されている。ただし，初等・中等教育のように教育委員会の職務権限に属する事項に関しては，文部科学省の事務はそれらの「振興に関する企画及び立案並びに援助及び助言」に留まる。これが教育行政における国－地方関係の基本である。

このため，地方公共団体の権限に属する教育事務（自治事務）について文部科学大臣が教育委員会に働きかける場合は，地方自治法に定める関与のルールに基づいて行わなければならない。地方教育行政法には文部科学大臣による関与の方法が次のように定められている。

(a) 都道府県・市町村に対して，教育事務の適正な処理を図るために必要な指導，助言又は援助を行うこと（第48条第1項）
(b) 市町村教育委員会に対する指導，助言又は援助に関して，都道府県教育委員会に必要な指示をすること（第48条第3項）
(c) 教育事務の管理執行に法令違反または怠慢があるとき，または教育を受ける権利の侵害があるときは，都道府県教育委員会に是正を要求すること，及び都道府県教育委員会に対して市町村教育委員会に是正を要求するよう指示すること（第49条）
(d) 教育事務の管理執行に法令違反または怠慢があって，児童生徒等の生命

又は身体の保護のために緊急の必要があるときで，他の措置によっては是正を図ることが困難である場合は，都道府県・市町村教育委員会に対してその是正を指示すること（第50条）

　ただし，教育委員会の権限に属する教育事務は本来，自治事務として地方自治的に処理することが基本であり，文部科学大臣による関与は最小限に留められなければならない（地方自治法第245条の３）。

　他方，法律により具体的な権限が与えられている場合は，文部科学大臣は教育や教育行政について規則や基準を定めることにより，教育委員会や学校の活動を規制することができる。たとえば，学校教育法第３条により文部科学大臣は学校設置基準を定める権限を与えられており，教育委員会・学校法人等が学校を設置しようとするときはこの基準に準拠しなければならない。これは教育制度的基準として学校設置の最低条件を定めることにより教育の機会均等とその質を保証しようとするものであり，国の教育行政機関として教育の機会均等と教育水準の維持向上を図る任務（教育基本法第16条）に照応するものとして是認される。他方，文部科学大臣が公示する学習指導要領は学校の教育課程編成や教育委員会による教育課程行政の法的基準とされているが，学界においては学習指導要領には法的拘束力は認められず指導助言文書としてのみ認められるとの見解が有力である。

　また，国（文部科学大臣）は義務教育費国庫負担法により公立義務教育諸学校（小学校，中学校，中等教育学校の前期課程，特別支援学校の小学部・中学部）の職員の給与の３分の１を負担し，義務教育施設費国庫負担法により公立義務教育諸学校の施設費の２分の１を負担している。これらは地方公共団体における義務教育を国として助成するものであり，教育の機会均等と教育の質の維持向上を図ろうとするものとして重要である。地方公共団体による就学援助に対する国の財政援助，理科教育振興法・産業教育振興法・へき地教育振興法による地方公共団体への財政援助にも同様の意義が認められる。ただ，文部科学省は国庫負担金・補助金の支出にあたって，学校教育の目的・内容・方法を実質的にコントロールしたり，教育委員会による教育条件整備を過度に規制したりする傾

向があることには注意を要する。

　なお，日本は学校教育の普及率は国際的にも高い水準にあるが，対 GDP 比で見た日本の学校教育費は OECD 諸国と比較してかなり低いうえ，学校教育費に占める公費負担の割合は低く家計依存の傾向が強い。また，相対的貧困の状態にある世帯に属する児童生徒の割合もきわめて高く，教育機会の実質的不平等も指摘されている。このため，今後の教育行政には教育財政の充実とともに，地域の不均等発展や所得的格差の是正を重視した施策の実施に期待が寄せられている。　　　　　　　　　　　　　　　　　　　　　　　【中嶋　哲彦】

考えてみよう
1．教育行政機関等による教育内容や方法に対する支配介入の事例に即して，教育の自主性尊重の意味を問題点を考えてよう。
2．「教育を受ける権利を保障するため，教育行政は子どもの貧困」にどう対処すべきか考えてみよう。
3．教育委員会廃止論や教育行政の首長主導化論を整理して考えてみよう。

参考文献
平原春好編『概説教行政学』東京大学出版会，2009 年
中嶋哲彦『教育の自由と自治の破壊は許しません。―大阪の「教育改革」を超え，どの子も排除しない教育をつくる』かもがわ出版，2013 年
中嶋哲彦「教育委員会廃止論を問う―首長主導型の教育改革がもたらすもの」『世界』854 号，岩波書店，2014 年 3 月号
中嶋哲彦「首長主導と国家統制強化の教育委員会制度改革を問う」『現代思想』4 月号，青土社，2014 年

第9章　教育財政・教育費をめぐる法と制度

1　教育財政の基本法制

1　教育財政の概念

(1)　教育費と教育財政

　今日の教育活動は，それが社会的に行われる場合には，通常教育サービスの供給と消費という形態をとる。それゆえ，社会的な教育活動は教育費によって媒介されることになる。この場合，社会的な教育活動であっても，「公の支配」（憲法第89条）に属するものとそれ以外のものとに分けて考えることが，教育財政を論じるうえでは肝要である。前者には，文部科学省が所管する学校教育法上の学校教育および社会教育法上の社会教育のほか，各省庁が所管する学校（たとえば，職業能力開発総合大学校，防衛大学校など）が含まれ，後者には宗教団体による宗教教育のほか学習塾やカルチャーセンターなどの教育サービス産業における教育および企業内教育などが含まれる。これらの教育活動は，ともに教育費によって媒介される点では変わりはないが，国または地方公共団体が関わる財政の対象になるのは「公の支配」に属する教育事業である。公の支配に属する教育とは，換言すれば公共性を有する教育，すなわち公教育であり，それ以外の教育は私教育である。したがって，教育財政とは，公教育に要する経費を対象とした国または地方公共団体の財政活動を意味するものということができよう。

(2)　教育行政と教育財政

　公教育の発達は近・現代教育における基本的特徴の一つであるが，公教育組織を制度的に整備する働き（役務＝事務）が教育行政である。旧教育基本法第10

条が，教育行政の基本的任務を教育の目的（人格の完成）を実現するために必要な諸条件の整備に求めていたのも，そのゆえといえよう。この場合，教育条件の基本的性格はいわゆる「教育の外的事項」であると考えられ，公教育に要する人的・物的条件を整備することが中心課題となる。したがって，教育行政は，教育財政の裏付けを必須としている[1]。その意味では，教育財政の充実こそが教育行政の本来的任務とさえ言い得る。

2 公教育の経費

憲法第26条は，第1項で国民の「教育を受ける権利」を確認したうえで，2項で義務教育の無償制を規定している[2]。この規定を受ける形で，教育基本法第4条（教育の機会均等）第3項では「国及び地方公共団体は，能力があるにもかかわらず，経済的理由によって修学が困難な者に対して，奨学の措置を講じなければならない」とされ，さらに第16条（教育行政）第4項で「国及び地方公共団体は，教育が円滑かつ継続的に実施されるよう，必要な財政上の措置を講じなければならない」とされている。これらの規定と結び合いながら，第5条では義務教育における授業料の不徴収が規定されている。また，学校教育法第6条でも，授業料を徴収することができるとしたうえで，国・公立学校における義務教育の授業料の不徴収が規定されている。これらの諸規定をどのように解するかについて，大きくは二つの考え方があり得る。

一つは，学習権保障の系として，およそ公教育は無償制が望ましいという考え方で，学校教育法（1947年）などが制定された当時は，このような考え方が有力であった。また，国際人権規約（「経済的，社会的及び文化的権利に関する国際規約」1966年国連採択）や子どもの権利条約（1989年国連採択）などもこのような立場を採っている。この見地からすれば，義務教育の無償は公教育無償実現のための優先的課題であると同時に，その第一歩にすぎない。

これに対していま一つは，義務教育の無償をむしろ例外的な財政保障措置とし，公教育においても個人的利益に還元できる部分については教育経費の「受益者負担」を求めることが妥当という考え方である。日本では，この後者の考

え方が1971 (昭和46) 年の中央教育審議会答申で高等教育費に導入され，その後一般化されて今日に至っている。しかし，国際的合意にも反するこのような教育財政のあり方については疑問点が多い。たとえば，高等学校授業料の無償化が2010年度に実現したが，2014年度から所得制限が設けられることとなった。中等教育の無償化は国際合意であるのみならず，一旦成立した無償制度を後退させることは，当該政権に学習権保障という観点の不足（無理解）があるといわなければならない。

今後，少なくとも国・公立学校については初等・中等・高等のすべての学校段階で全面的かつ早期に無償制を導入していくことが真剣に検討されるべきであり，併せて私学助成の抜本的な拡充が望まれる。

3　設置者管理主義と設置者負担主義

学校教育法第5条では，学校の管理はその学校の設置者が行い，学校経費については法令に特別の定のある場合を除き，設置者が負担すべき旨の原則が定められている。通例，前者は「設置者管理主義」，後者は「設置者負担主義」の原則と称される。

これらの原則は，近代市民社会の常識に照らしてみた場合，当然の事柄であるようにも思われる。しかし，同法の成立過程を振り返ってみると重要な歴史的意義の込められていることがわかる。戦前においては，学校の管理権限は国家が占有し，学校の経費負担責任のみが学校の設置主体に課せられていた。換言すれば，戦前における学校教育は国家の事業とされていたのであり，学校経費の地方負担原則は，いわば国家の経費負担責任を地方に転嫁するものであったのである。これに対して，第二次世界大戦後の教育改革においては，教育の分権化（教育の地方自治）が目指され，教育は基本的に地方の事業とされた。設置者管理主義は，このことの確認であったといえる[3]。そして，設置者負担主義はこの学校管理原則を財政的に担保する意義が与えられたものと解される。

4　設置者負担主義の例外と義務教育費国庫負担制度

　このような財政原則は，学校のみに限られていたわけではない。憲法の第8章で示された地方自治の本旨は，あらゆる分野で実現が図られたといってよく，これをふまえた地方自治のあり方は地方自治法（1947年）で，地方財政の在り方は地方財政法（1948年）で示された。

　この場合，留意されるべきことは，設置者負担主義には例外規定が付されていることである[4]。ここには，資本主義的経済発展にともなう地方間の財政力不均衡の拡大を正するという現代的課題が反映されていたものということができる。学校教育法の成立時点でいえば，当時存在した設置者負担主義の例外は，義務教育学校職員給与の都道府県負担（＝支弁）とその給与の半額国庫負担であった。前者は，県費負担職員制度と称され，その法的根拠は市町村立学校職員給与負担法（1948年，それ以前は勅令）で与えられている。後者は義務教育費国庫負担制度と称され，その法的根拠は義務教育費国庫負担法（1940年）で与えられていた。ただし，義務教育費国庫負担制度は，戦後の一時期廃止された経緯があり，現行制度は1952（昭和27）年に復活した負担法によって基礎づけられている。

5　教育補助金と地方交付税交付金

　設置者負担主義の立て前からすれば，その例外が多いのは好ましいことではない。なぜなら，教育補助金等の財政的措置は設置者管理主義の形骸化につながる恐れがあるからである。しかしながら，戦後教育改革の見直しが進んだいわゆる「55年体制」下においては，各種の教育補助金の整備が進められた（表9.1参照）。ところで，一般に補助金という場合，地方財政法上では負担金と補助金に区別されている。負担金とは，国と地方公共団体相互の利害に関係がある事務のうち，国が進んで経費を負担する必要があるとされるものである。この負担金に関しては，義務教育費国庫負担法，公立擁護学校整備特別措置法（1956年，後に義務教育費国庫負担法に統合），義務教育諸学校等の施設費の国庫負担等に関する法律（1958年）などの諸法律が制定されると同時に，そのことを

第9章 教育財政・教育費をめぐる法と制度

表 9.1 我が国の文教予算の推移（1950-2011年 補正後予算）

(単位：百万円)

年　度	1950 (昭和25)	1955 (昭和30)	1960 (昭和35)	1965 (昭和40)	1970 (昭和45)	1975 (昭和50)	1980 (昭和55)
一般会計歳出総額 a	6,574	9,915	17,652	37,447	8,213,085	20,837,158	43,681,367
国債費 b	210	434	274	0	287,482	1,102,357	5,491,551
地方交付税交付金等（地方財政調整費） c	1,085	1,399	3,282	7,162	1,771,557	3,308,160	7,828,811
一般歳出（政策予算） d＝a−(b＋c)	5,280	8,082	14,095	30,285	6,154,046	16,426,641	30,361,005
文教及び科学振興費　義務教育費国庫負担金	—	737	1,237	2,545	472,987	1,323,852	2,024,276
国立学校運営費	114	330	526	1,356	258,976	583,012	980,799
科学技術振興費	5	15	255	442	113,855	320,264	351,848
文教施設費	—	71	183	223	42,987	220,162	593,699
教育振興助成費	—	12	255	280	58,261	215,465	570,339
育英事業費	15	43	47	89	16,471	35,580	80,463
計	135	1,209	2,504	4,937	963,537	2,698,335	4,601,422

年　度	1985 (昭和60)	1990 (平成2)	1995 (平成7)	2000 (平成12)	2005 (平成17)	2010 (平成22)	2011 (平成23)
一般会計歳出総額 a	53,222,882	69,651,178	78,034,006	89,770,227	86,704,827	96,728,393	107,510,467
国債費 b	10,180,534	14,449,301	12,856,803	21,446,082	19,620,327	20,235,956	20,269,303
地方交付税交付金等（地方財政調整費） c	9,690,080	15,930,834	12,302,115	14,914,895	15,922,556	18,407,157	19,086,652
一般歳出（政策予算） d＝a−(b＋c)	33,352,269	39,271,043	52,875,088	53,409,250	51,161,944	58,085,279	68,154,512
文教及び科学振興費　義務教育費国庫負担金	2,415,202	2,642,602	2,761,873	2,980,176	2,085,627	1,593,767	1,566,649
国立学校運営費	1,075,063	1,264,320	1,888,874	1,713,007	—	—	—
科学技術振興費	375,358	474,166	944,227	1,146,177	1,283,584	1,441,960	1,508,213
文教施設費	385,467	244,330	359,643	195,663	192,832	234,390	481,077
教育振興助成費	569,632	650,299	745,081	650,435	2,083,533	2,424,131	2,716,080
育英事業費	83,557	83,723	102,172	126,478	133,374	138,823	132,825
計	4,904,279	5,359,440	6,801,870	6,811,936	5,778,951	5,833,070	6,404,845

(出所：「国の予算」各年度版より、瀬川千裕が作成。)

示す規定が地方財政法上でも整備されることになった。

　これに対して補助金とは，国がその施策を行うため特別の必要があると認めるときまたは地方公共団体の財政上特別の必要があると認めるときに限って交付されるものである（地方財政法第16条）。ただし，このような負担金と補助金の区別は多分に観念的なもので，国の教育費政策に依存しているという点では共通した性格のものといえよう[5]。

　教育補助金のほかに，実質的な教育費財源として国から交付されるものに，地方交付税交付金がある。地方交付税制度は，地方団体の自主性を維持させつつ地方自治体間の財政的不均衡の是正を目的としたいわゆる地方財政調整制度で，標準的な行政サービスを提供するのに必要な経費額（基準財政需要額）をその地方団体の財政力（基準財政収入額）が下回る場合に，使途を定めずに差額相当分を国が交付する制度である。したがって，財政力の高い地方団体の場合には，地方交付税交付金は受けない（不交付団体）。基準財政需要額の算定にあたっては，種々の補助金との整合性が図られることから，地方交付税交付金は補助金の裏財源という評価もあるが，その制度理念からすれば，設置者負担主義とも整合する教育費財源の保障制度とみることができよう。

6　高等教育財政

　従前，国立大学の運営費は，国立学校特別会計（1964年創設）より交付されてきたが，「国立大学法人法」（2003年）の成立により，各国立大学は独立した国立大学法人によって設置されたものとなり，その経常費は一般会計より運営費交付金として交付されることとなった。この運営費交付金には，人件費・物件費等の区別がなく，大学の基本組織を自由に設計できる度合いが高くなったとされる。しかしながら，行政改革が叫ばれるなか，その水準は低く抑えられ，かつ一般運営費交付金は毎年度1％の減額措置が講ぜられることとなっている。このため，外部資金を潤沢に導入することが可能な一部の国立大学を除けば，スクラップ・アンド・ビルドによる以外，新たな経営展開はきわめて困難となっている[6]。

こうしたなかで，各国立大学の第2期中期計画中に「ミッションの再定義」なるものが文科省よりすべての国立大学に向けて要請された。折しも，2012（平成24）年12月には政権再交代があり，自民党・公明党の連立による第二次安倍内閣が発足した。「アベノミクス」と喧伝されるその経済政策のなかで成長戦略の鍵は高等教育にあるとされ，これに呼応して立ち上げられた「教育再生実行会議」（2013年1月15日閣議決定）における「これからの大学教育等の在り方について」（第三次提言）（2013年5月）では，「国立大学は，年俸制の本格導入や学外機関との混合給与の導入などの人事給与システムの見直し，国立大学運営費交付金の学内における戦略的・重点的配分，学内の資源配分の可視化に直ちに着手し，今後3年間で大胆かつ先駆的な改革を進める。これらの取組をふまえ，国は，教育や研究活動等の成果に基づく新たな評価指標を確立し，第3期中期目標期間（平成28年度以降）は，国立大学運営費交付金の在り方を抜本的に見直す」旨の提言が行われた。この国立大学運営費交付金の在り方の抜本的な改革の方向としては，国立大学の改革の度合いに応じて運営費交付金を傾斜配分する方式などが伝えられており，財政面から大学の自治を揺るがすことになりかねないことが憂慮されている。

7　私学助成

以上は，主として国公立学校財政の法制度について述べてきたが，私立学校については，私立学校振興助成法（1975年，以下，「私学振興法」という。）と日本私立学校振興財団法（1975年）を根幹とする私学助成制度が機能している。私学助成に関しては，憲法第89条の公の財産の支出利用の制限規定と関わって，私立学校が果たして「公の支配」に属する教育事業であるか否かが問われるという原理的問題が存在する。これを，さらに踏み込んでいえば，私学への財政的補助は私学経営の統制につながるという私学の自由の問題とも関連してこよう。しかしながら，戦後のとくに高度経済成長期に開設された私立学校は，高等教育と後期中等教育が主体で，国・公立学校整備の遅れを補完し，国民の「教育を受ける権利」を実現していくうえで重要な役割を果たしてきたものと

いえる。こうした事実の重みが、私学振興法を議員立法という形で実現させたものとみることもできよう。

　私学振興法の成立以前の私学助成は、当初貸付事業が主体で、その後施設整備補助金が加えられるようになっていたが、経常費の補助については、1970年度から予算措置で実施されるにとどまっていた。この点をさらに拡充する道を拓いたのが私学振興法等で、①国は大学および高等専門学校を設置する学校法人に対して教育または研究に係る経常費についてその2分の1以内を補助できること、②都道府県が幼稚園、小学校、中学校、高等学校、中等教育学校、または特別支援学校を設置する学校法人に対して、その教育に係る経費の補助を行う場合に、その一部を国が補助できること、③国の補助は日本私立学校振興共済事業団を通じて行うこと、などが定められている。こうして本格化した私学への経常費補助は、一時期に私立大学経常費の29.5％（1980年度）を占める水準にまで進み、私学経営の安定化に大きく貢献したが、その後一貫した抑制策が採られてきた（私立大学経常費2011年度は10.5％）。たとえば2013年度の私立大学等経常費補助の当初予算額は3,188億円で、対前年度比12億円の減額になっている。

2　財政改革と教育財政の問題

1　財政構造改革白書と財政構造改革法

　日本の教育財政に関する法制は、戦後教育改革とその見直しを通して骨格が形成され、広範な教育補助金体制を基礎づけているものということができる。しかし、高度経済成長期にはある程度適合的でありえた教育補助金体制も、1970年代後半以降に顕在化する財政危機の下で、その見直しが提起されてきた。

　1980年代においては、臨時行政調査会（第二臨調）に主導された「行政改革」の下で「増税なき財政再建」が図られ、国家財政の徹底した歳出抑制・削減政策が遂行された。しかし、1980年代は財政危機が顕在化しつつも、経済的には徹底したリストラとME (Micro Electronics) 合理化によって、日本は世界的な不況からいち早く脱出することができた。このため、1980年代の後半には

バブル経済を誘発することにもなったとはいえ，好調な経済に支えられて1990年度には財政再建の当面の目標であった赤字国債体質からの脱却が実現するかに見えた。しかし，バブル経済がはじけてみると，1980年代をはるかに上回る財政危機が出現することとなる。

ここから提起されてくるのが財政構造改革で，当時の財政制度審議会（大蔵省所管）が作成した『財政構造改革白書』(1996年) は，そのグランドデザインを描き出したものということができる。この白書における主要なテーマは，やはり歳出削減で，総論部分の「今後の検討課題」と題する一項において，①公費負担の範囲，②国と地方の役割分担，③資金の重点的・効率的配分，の三つの視点が提示されている。これらの視点を支える考え方は従来と同様に公共経済学などにあると見られるが，この『白書』において，資金の重点的・効率的配分が強調されている点は，新たな特徴と見てよいであろう。というのは，この点を教育に当てはめてみると，「高等教育・学術研究の分野により重点的な資金配分」を行い，義務教育教科書の無償給与制度など義務教育に関わる経費を「全体としての財政負担に比し効果の少ないバラマキ的な制度や補助金等」などと規定しながら，見直しの対象とすることが直截に語られているからである[7]。

また，義務教育費国庫負担制度に関しては，歳出抑制を目的として教職員定数改善不要論を提示しつつ，同時に「初等中等教育については，各地域の多様な個性，自主性，創造性が発揮できるように地方自治体の自己責任，当事者能力の強化を求める意見」があるなどの理由から，「国がその給与等を負担する教職員の対象はナショナル・ミニマムの水準の確保のために必要な範囲に限定し，個に応じた教育への対応等それを超える部分は地方の自主性にまかせる」などの縮小案を例示している[8]。これは，義務教育費国庫負担金の定額化を示唆したものといえよう。

(2) 財政構造改革法

財政危機が再燃した1990年代前半は，政治的にも不安定な時期であったが，いわゆる政治改革の結果，衆議院の選挙方法が従来の中選挙区制から小選挙区

比例代表並立制というより権威的な政治法制に変更された。その新しい選挙制度の洗礼を受けて成立した第二次橋本龍太郎内閣の下で，「財政構造改革の推進に関する特別措置法」(1997年，以下「財政構造改革法」という。)が公布・施行された。この財政構造改革法は，「財政構造改革」の推進を図るために，1998年度から2000年度までの3年間を「集中改革期間」とし，量的縮減目標を法定することなどを法の目的としていた(第1条)。

こうした目的に基づいた文教分野における改革の基本方針は，「児童又は生徒の数の減少に応じた合理化，受益者負担の徹底，国と地方公共団体との適切な役割分担等の観点から，義務教育及び国立学校に対する一般会計の負担並びに私立学校に対する助成等の在り方について見直し，抑制するもの」(第16条)とされ，一般会計からの国立学校特別会計への繰入れ及び私学助成の総額の量的縮減目標が示されるとともに(第17条)，公立義務教育諸学校等の教職員の給与費等に係る国及び地方公共団体の負担の抑制方針が法定された(第18条)。ただし，科学技術振興費に関しては，1998年度予算について前年度予算の「おおむね百分の百五を乗じた額を上回らない」とされるなど，「増加額をできる限り抑制する」という例外的な措置を認める規定となっている(第26条)。

このように，財政構造改革法は，複数年度にわたる歳出の抑制・削減を法制化するものであったが，その政治的前提にはバブル崩壊後の当時の景気が回復基調にあるという経済予測があった。しかし，財政構造改革の開始と同時に景気の後退が顕在化したため，種々の修正が加えられたうえで，1年後には凍結される結果となった[9]。

2　三位一体改革論と義務教育費国庫負担制度の見直し

小渕・森両内閣の下で一時期凍結された財政構造改革は，小泉内閣の下で再び取り上げられるに至るが，これに関連して地方補助金の削減が問題となり，地方分権の理念とも関わって，地方税制改革(税源移譲)，地方交付税改革(財源保障機能の縮小)と組み合わされたいわゆる「三位一体の改革」が提起された。この議論の過程で，大規模な地方補助金として義務教育費国庫負担金が注目さ

れ，見直しの対象とされたのであった。

(1) 地方分権改革推進会議提言と「総額裁量制」の導入

　義務教育費国庫負担制度については，地方分権改革推進会議において地方分権の角度から検討され，文科省などとの折衝も経て2002（平成14）年10月に「事務・事業の在り方に関する意見―自主・自立の地域社会をめざして―」がまとめられたが，そこでは，義務教育費国庫負担金の一般財源化の方向性は示しながらも，中期的課題としてその交付金化，当面の改革としては定額化を求めることに止め，併せて同制度に関わる県費負担職員制度，学級編制基準法制と学級編制事務，および教員給与の国家公務員準拠制などに関し，地方分権・規制緩和を求めていた。

　文部科学省は，義務教育費国庫負担制度の根幹の維持を基本方針としていたが，この地方分権改革推進会議提言に対する当面の対応が2004年度からの「総額裁量制」[10]の導入であった。「総額裁量制」とは，各都道府県ごとの県費負担教職員給与総額の理論値を，国の定める給与水準と公立義務教育諸学校の学級編制及び教職員定数の標準に関する法律（1958年）から算定される教職員定数に基づいて算出し，その半額（当時）を国庫負担額の限度とするしくみである。

　このような「総額裁量制」は，一定の範囲内ではあるが，地方の自由度を拡大する側面を有している。しかしながら，「総額裁量制」は，富裕団体に対する国庫負担金の最高限度額の設定を意図して設けられたしくみを，すべての団体に一律の最高限度額を設定するしくみに改変したもので，その本質は，義務教育費国庫負担金の定額化にあるということができるように思われる。

(2) 地方6団体提案

　文科省による「総額裁量制」の導入にもかかわらず，経済財政諮問会議の「経済財政運営と構造改革に関する基本方針2004」（2004年6月）では，2005年度および2006年度に行う「税源移譲は概ね3兆円規模を目指」し，「その前提として地方公共団体に対して，国庫補助負担金改革の具体案を取りまとめるよう要請し，これを踏まえ検討する」こととされた。

　具体案の取りまとめを要請された地方6団体（全国知事会・全国市長会・全国町

村会・全国都道府県議会議長会・全国市議会議長会・全国町村議会議長会）は，2004年8月に「国庫補助負担金に関する改革案」を提出した。そして，このなかで，総額3.2兆円の国庫補助負担金の削減案が提示され，そのなかに義務教育費国庫負担金（約2.5兆円）の一部（中学校教職員の給与等に係る負担金約0.8兆円）を含むこととされたのである。なお，これは国庫補助負担金改革の第1期における提案で，第2期（2007～2009年）ではさらに総額3.6兆円の削減を予定しており，その際には義務教育費国庫負担金の全額を廃止するものとされていた。

この義務教育費国庫負担金の廃止（一般財源化）案を総務省は支持したが，文科省は強く反発した。このため，政府・与党内の意見調整が行われ，2004年11月の政府・与党合意「三位一体の改革について」に至った。それによれば，「義務教育制度については，その根幹を維持し，国の責任を引き続き堅持する。その方針の下，費用負担についての地方案を活かす方策を検討し，また教育水準の維持向上を含む義務教育の在り方について幅広く検討する」こととされ，この問題については，2005年秋までに中央教育審議会において結論を得るものとされた。

(3) 中央教育審議会答申

文科省は2003年5月15日，中央教育審議会に対して「今後の初等中等教育改革の推進方策について」と題する諮問を行い，そのなかで義務教育制度全般の見直しの一環として義務教育費国庫負担制度の検討を求めていた。中教審は，当該審議を初等中等分科会で行うこととしたが（第31回総会，2003年5月15日），初等中等分科会では，義務教育制度改革に関わる「初等中等教育の教育行財政及び制度に関する重要事項を調査審議すること」を目的として教育行財政部会を設置することとし（第10回初等中等分科会，2003年5月26日），さらに教育行財政部会では，「教育条件整備に関する作業部会」が設けられるところとなった（第4回教育行財政部会，2003年8月5日）。この作業部会は2003年9月19日に第1回会合が開かれ，その後「義務教育費に係る経費負担の在り方について」（中間報告）がとりまとめられて，2004年5月25日に第22回初等中等分会総会・第22回教育行財政部会で報告されている。

同中間報告の内容は，概ねこの間の義務教育費国庫負担制度見直しに関する文科省の方針に沿うもので，「義務教育費国庫負担制度の必要性」を論じ，「総額裁量制」の導入については，「教育財政における地方の自主性を大きく高める改革として，政府が進める『三位一体の改革』の目的にも十分沿ったものと認められる」としてこれを高く評価する一方，義務教育費国庫負担金の一般財源化については「都道府県の財政上の自由度を高めることにはなるが，それは結局のところ義務教育費を減らす自由でしかない」と断じている。

当該諮問については，第3期中教審で継続審議とされ，2005年10月26日に答申（「新しい時代の義務教育を創造する」）が取りまとめられた。同答申では，ありうべき制度として，①教職員給与費の全額国庫負担論，②現行の半額国庫負担論，③一般財源化論があることを論じたうえで，「現行制度が最もすぐれている」との評価が行われた。

(4) 政治決着

こうして，義務教育費国庫負担金の廃止をも展望した中学校教職員の国庫負担分の削減を主張する全国知事会（総務省）と現行の半額国庫負担制の堅持を求める中教審答申（文科省）とが対峙するなかで，2005年11月30日の政府・与党合意により，「同制度を『堅持』する代わりに，国の負担率を三分の一に改める形」[11]で政治決着が図られた。

3　地域主権論と一括交付金構想

小泉「構造改革」は，その本質としての新自由主義的性格ゆえに，日本の国民経済の総体を活性化させるものではなく，国富の分配において大資本の側が有利になる結果をもたらしたにすぎなかった。こうして，社会のあるゆる分野で格差が拡大されたために国民の不満が蓄積され，小泉内閣後の内閣はいずれも短命に終わった。そして，生活権擁護の要求の高まりは，リーマン・ショック（2008年）を引き金として，それまでの自民党・公明党連立政権に代わる民主党を主軸とした政権を生み出した。しかし，民主党が打ち出した地域主権論は，従来の地方分権論と大差はなく，教育財政政策における焦点の一つであった義

務教育費国庫負担金については，地方負担金・補助金の一括交付金化政策に包含され，一般財源化に道が開かれるかに見えた。しかし，文科省はこの政策に反発し，「教育一括交付金構想」などを打ち出して抵抗の姿勢を見せた。また，民主党政権下の閣議決定「地域主権戦略大綱」(2012年6月)では「負担金補助金の一括交付金化」が打ち出されたが，「社会保障・義務教育関係」については，「国として確実な実施を保障する観点から，必要な施策の実施が確保される仕組みを検討するとともに，基本的に，全国画一的な保険・現金給付に対するものや地方の自由裁量拡大に寄与しない義務的な負担金・補助金等は，一括交付金化の対象外とする」こととされた。この「一括交付金化の対象外」に義務教育費国庫負担金が含まれるか否かは，なお論議を要するものと見られていたが，2012年12月の総選挙で民主党政権が打ち破られたため，立ち消えとなった。

3 教育財政法制の現代的課題

1 公財政支出教育費の確保

　日本の学校教育費の構造を，OECD諸国と比較した場合，二つのきわだった特徴がある。第一は，国内総生産（GDP）に対する学校教育費の比率が5.2％と全般的に低位（平均：6.3％）で，かつ公財政支出も3.6％と低位（平均：5.4％）にある一方で，私費負担は1.7％と高位（平均：0.9％）にある点である。これは，経済力を基準に見た場合，公財政支出が不足がちで，これが私費負担によって補われていることを意味する。第二は，この私費負担の割合が，高等教育においてとりわけ高いことである。すなわち，初等教育，中等教育，および高等教育以外の中等後教育などでは，学校教育費に占める公財政支出は90.4％（平均：91.2％），私費負担は9.6％（平均：8.8％）で，OECD諸国の平均に近いが，高等教育にあっては，公財政支出は35.3％（平均：70.0％），私費負担は64.7％（平均：30.0％）となっているのである[12]。

　これは，基本的には今日の大学における高学費政策に起因する問題である。既述のとおり，国際人権規約などでは高等教育の無償制の漸進的導入が謳われており（A規約第13条），日本はこの条項を長らく留保してきた。しかし，国連

の「経済的,社会的及び文化的権利に関する委員会」(社会権規約委員会) が日本政府に対し留保の撤回を強く求めるなど内外の声に押される形で 2012 年 9 月に留保を撤回した。このこと自体は評価できるものの,高等教育無償化へ向けた具体的な政策は未だ手つかずの状態にある。日本の高学費は,学習塾などの私費負担とも関係して,最大の少子化要因 (とりわけ心理的な) とも推測されており,公財政支出教育費の確保による抜本的改善の検討が急がれているといえよう[13]。

2 教育振興基本計画について

公財政支出教育費を増やし,教育財政基盤を拡充するという課題に関連して,教育振興基本計画に期待する声がある。教育振興基本計画論は,小渕首相の私的諮問機関として設置された教育改革国民会議の報告 (2000 年 12 月) で提起され,教育財政基盤の確立論として大きな関心を呼んだ。しかし,その後,小泉内閣の下における中央教育審議会で審議された際には,財政基盤の拡充論は後退し,国家戦略としての教育改革計画論へと特化する傾向を示している (「新しい時代にふさわしい教育基本法と教育振興基本計画の在り方について (答申)」2003 年 3 月)。こうした傾向が,当初の教育財政基盤拡充論からそれるものであることには,注意を要しよう。なお,同答申では教育振興基本計画の根拠規定を教育基本法に盛り込む旨を含む教育基本法改正も提言され,同法の改正 (2006 年) によって具体化された (第 17 条)。なお,2008 年 7 月 1 日に,最初の教育振興基本計画が閣議決定されたが,そこでは教育財政関係の数値目標は書き込まれなかった。この点は,第 2 期教育振興基本計画 (2013 年 6 月 14 日) でも同様である。

【井深　雄二】

注
(1) 教育行政と教育財政の関係については,須田八郎『教育財政と教育費』協同出版,1982 年,52 頁,参照。
(2) 憲法上の義務教育無償の範囲については,船木正文「公教育法制と義務教育」日本教育法学会編『講座教育法 2　教育権と学習権』総合労働研究所,1981 年,参照。
(3) 設置者管理主義成立の意義については,平原春好『学校教育法』総合労働研究所,

1978年，110-112頁，参照．
(4) 設置者負担主義の例外については，井深雄二『近代日本教育費政策史』勁草書房，2004年，383-392頁，参照．
(5) 負担金と補助金の区別と関連については，安嶋彌『地方教育費講話』第一法規，1958年，10-11頁，参照．
(6) 高等教育費については，光本滋「国立大学の独立法人化」佐貫浩・世取山洋介『新自由主義教育改革』大月書店，2008年，所収，参照．
(7) 石弘光監修『財政構造改革白書』東洋経済新報社，1996年，142頁
(8) 同上，146頁
(9) 財政構造改革法をめぐる顛末については，小此木潔『財政構造改革』岩波新書，1998年，参照．
(10) 「総額裁量制」については，文部科学省初等中等教育局財務課「平成16年度における義務教育費国庫負担制度の改革について」『教育委員会月報』第56巻第5号，2004年8月，参照．
(11) 「義務教育費国庫負担めぐり揺れた1年間」『内外教育』第5619号，2005年12月27日．
(12) 以上の数値は，文部科学省『教育指標の国際比較　平成25年版』による．
(13) 田中昌人『日本の高学費をどうするか』新日本出版社，2005年，参照．

考えてみよう
1．教育の無償制と有償制の原理的意義を考えてみよう．
2．設置者管理主義と設置者負担主義が，同じ条文（学校教育法第5条）のなかで規定されていることの意義を考えてみよう．
3．義務教育費国庫負担制度の功罪について，考えてみよう．
4．日本の高学費（とくに高等教育）の原因と解消の方向を考えてみよう．

参考文献
伊ケ崎暁生・三輪定宣『教育と教育財政』総合労働研究所，1980年
小川正人編『教育財政の政策と法制度』エイデル研究所，1996年
白石裕『分権・生涯学習時代の教育財政』京都大学出版会，2000年
山崎洋介・ゆとりある教育を求め全国の教育条件を調べる会編『本当の30人学級は実現したのか？　広がる格差と増え続ける臨時教職員』自治体研究社，2010年
世取山洋介・福祉国家構想研究会編『公教育の無償性を実現する―教育財政法の再構築』大月書店，2012年

第10章　教育をめぐる法と制度の国際的動向
——国際社会と人権としての教育

はじめに

　本章では，国際社会の重要な人権規範である世界人権宣言（1948年），国際人権規約（経済的，社会的及び文化的権利に関する国際規約〔以下，「社会権規約」という〕，市民的及び政治的権利に関する国際規約〔以下，「自由権規約」という〕，1966年），児童の権利に関する条約（以下，「子どもの権利条約」という，1989年）などにおいて，教育がどのようにとらえられ，規定されているかを中心に論じるなかで，教育をめぐる法と制度の国際水準を明らかにしていく。このような国際水準から日本の教育の法や制度を見直してみると，問題点や課題がよりはっきりしてくるであろう。

1　人権条約における教育規定

　教育への権利（right to education）は，世界人権宣言（第26条）において国際的保障の対象とされ，今日の国際人権秩序の基礎である国際人権規約（社会権規約第13条・第14条等）において国際実定法規範となっている。そして，難民の地位条約（第22条，1951年），教育差別禁止条約（ユネスコ，1960年），人種差別撤廃条約（第5条，1965年），女性差別撤廃条約（第10条，1979年），子どもの権利条約（第28条，第29条等），移住労働者権利条約（第30条，1990年），障害のある人の権利条約（第24条等，2006年），先住民族の権利宣言（第14条等，2007年）をはじめ，国際連合・ユネスコ・ILOなどの総会や会議で採択された多数の条約・勧告・宣言などにより具体化されている。

　最初に規定を見ておこう。

○ **世界人権宣言第26条**
1 すべて人は、教育への権利を有する。教育は、少なくとも初等の及び基礎的の段階においては、無償でなければならない。初等教育は、義務的でなければならない。技術教育及び職業教育は、一般に利用できるものでなければならず、また、高等教育は、能力に応じ、すべてのものにひとしく開放されていなければならない。
2 教育は、人格の全面的な発達並びに人権及び基本的自由の尊重の強化を目的としなければならない。教育は、すべての国または人種的若しくは宗教的集団の相互間の理解、寛容及び友好関係を促進するものでなければならない。
3 親は、子どもに与える教育の種類を選択する優先的権利を有する。

○ **社会権規約第13条**（政府訳）
1 この規約の締約国は、教育についてのすべての者の権利を認める。締約国は、教育が人格の完成及び人格の尊厳についての意識の十分な発達を指向し並びに人権及び基本的自由の尊重を強化すべきことに同意する。更に、締約国は、教育が、すべての者に対し、自由な社会に効果的に参加すること、諸国民の間及び人種的、種族的又は宗教的集団の間の理解、寛容及び友好を促進すること並びに平和の維持のための国際連合の活動を助長することを可能にすべきことに同意する。
2 この規約の締約国は、1の権利の完全な実現を達成するため、次のことを認める。
　(a) 初等教育は、義務的なものとし、すべての者に対して無償のものとすること。
　(b) 種々の形態の中等教育（技術的及び職業的中等教育を含む。）は、すべての適当な方法により、特に、無償教育の漸進的な導入により、一般的に利用可能であり、かつ、すべての者に対して機会が与えられるものとすること。
　(c) 高等教育は、すべての適当な方法により、特に、無償教育の漸進的な導入により、能力に応じ、すべての者に対して均等に機会が与えられるものとすること。
　(d) 基礎教育は、初等教育を受けなかった者又はその全課程を修了しなかった者のため、できる限り奨励され又は強化されること。
　(e) すべての段階にわたる学校制度の発展を積極的に追求し、適当な奨学

金制度を設立し及び教育職員の物質的条件を不断に改善すること。
3　この規約の締約国は，父母及び場合により法定保護者が，公の機関によって設置される学校以外の学校であって国によって定められ又は承認される最低限度の教育上の基準に適合するものを児童のために選択する自由並びに自己の信念に従って児童の宗教的及び道徳的教育を確保する自由を有することを尊重することを約束する。
4　この条のいかなる規定も，個人及び団体が教育機関を設置し及び管理する自由を妨げるものと解してはならない。ただし，常に，1に定める原則が遵守されること及び当該教育機関において行なわれる教育が国によって定められる最低限度の基準に適合することを条件とする。

○ 子ども（児童）の権利条約第28条・第29条（政府訳）

第28条
1　締約国は，教育についての児童の権利を認めるものとし，この権利を漸進的にかつ機会の平等を基礎として達成するため，特に，
  (a) 初等教育を義務的なものとし，すべての者に対して無償のものとする。
  (b) 種々の形態の中等教育（一般教育及び職業教育を含む。）の発展を奨励し，すべての児童に対し，これらの中等教育が利用可能であり，かつ，これらを利用する機会が与えられるものとし，例えば，無償教育の導入，必要な場合における財政的援助の提供のような適当な措置をとる。
  (c) すべての適当な方法により，能力に応じ，すべての者に対して高等教育を利用する機会が与えられるものとする。
  (d) すべての児童に対し，教育及び職業に関する情報及び指導が利用可能であり，かつ，これらを利用する機会が与えられるものとする。
  (e) 定期的な登校及び中途退学率の減少を奨励するための措置をとる。
2　締約国は，学校の規律が児童の人間の尊厳に適合する方法で及びこの条約に従って運用されることを確保するためのすべての適当な措置をとる。
3　締約国は，特に全世界における無知及び非識字の廃絶に寄与し並びに科学上及び技術上の知識並びに最新の教育方法の利用を容易にするため，教育に関する事項についての国際協力を促進し，及び奨励する。これに関しては，特に，開発途上国の必要を考慮する。

第29条
1　締約国は，児童の教育が次のことを指向すべきことに同意する。

> (a) 児童の人格，才能並びに精神的及び身体的な能力をその可能な最大限度まで発達させること。
> (b) 人権及び基本的自由並びに国際連合憲章にうたう原則の尊重を育成すること。
> (c) 児童の父母，児童の文化的同一性，言語及び価値観，児童の居住国及び出身国の国民的価値観並びに自己の文明と異なる文明に対する尊重を育成すること。
> (d) すべての人民の間の，種族的，国民的及び宗教的集団の間の並びに原住民である者の理解，平和，寛容，両性の平等及び友好の精神に従い，自由な社会における責任ある生活のために児童に準備させること。
> (e) 自然環境の尊重を育成すること。
> 2 この条又は前条のいかなる規定も，個人及び団体が教育機関を設置し及び管理する自由を妨げるものと解してはならない。ただし，常に，1に定める原則が遵守されること及び当該教育機関において行われる教育が国によって定められる最低限度の基準に適合することを条件とする。

このように，人権条約は教育への権利の保障を重視している。これは，ファシズムや戦争のもとでの教育に対する反省から教育の国家主義等による悪用・濫用を防ぐことの大切さ，ならびに教育が人間の発展や社会の発展に果たす役割への期待を示している。この権利の承認と保障なしには自らの権利を認識することも十分に行使することもできない。その意味で，教育への権利は権利行使に不可欠であり，ほかの権利を強化し実質化する機能をもっている。

2 条約の解釈・運用にあたって

1 条約と国内法との関係

条約が国内効力をもつためには批准（条約の締結）という手続きが必要である。批准は内閣が行う。ただし，事前に（時宜によっては事後に）国会の承認が必要である（憲法第73条3号）。

日本では，憲法第98条2項（条約および確立された国際法規の誠実な遵守義務）により，日本が批准した条約は公布とともに自動的に国内法としての効力を生ずる。そして，国内法の序列上，条約は憲法より下位にあるが，少なくとも国

会の制定法よりも優位の法的効力をもつことについては学説上も実務上も争いがない。したがって，人権条約の求める法律があれば立法が必要であるし，条約に反する法律があれば改正が必要となる。条約にかかわる立法あるいは法改正をする場合には，条約の趣旨や規定をその基準にし，それらを反映しなければならないということである。このことは条約の批准にあたって抵触する国内法はないという立場をとったとしても当てはまる。したがって，教育関係法の改正・制定においても，憲法適合性と同様に，批准した関連条約との適合性が国会あるいは内閣法制局等で審議されなければならない。

また，行政は法律に基づく行政という原則に基づき，条約の実施義務を負う。ところが，政府には，人権条約を誠実に実施しようという姿勢は十分に見られない。

さらに，批准された条約は裁判規範でもある。ところが裁判所は，人権条約に対して消極的な態度をとり続け，裁判規範としてほとんど援用していない。とくに最高裁においては，弁護士等の主張を受けて言及した場合であっても，援用することはほとんどない。援用したとしても，人権条約の解釈をそれとして行うのではなく，当該立法あるいは行為が憲法の規定に反していないので，同旨である人権条約にも違反しないという解釈態度をとることが多い。しかし，最近このような消極的姿勢にわずかではあるが変化が見られ，2013年9月4日の婚外子相続差別の最高裁決定では，人権条約やその勧告に言及し違憲判断をしている。

2 人権条約委員会の一般的意見・総括所見

人権条約の解釈においてとくに重要になるのは，国際人権規約や子どもの権利条約など主要な人権条約の国際的実施機関である委員会（以下，「一般的に人権条約委員会」という。）の「一般的意見（general comments）」や「総括所見（最終見解　concluding observations）」である。一般的意見は，条約の実施を促進し，締約国による報告義務の履行等を援助するために，人権条約委員会が締約国の報告審査や当該テーマの一般的討議などに基づいて採択した正式の文書であり，当該規定についての条約実施機関の有権的な解釈として位置づけられるもので

ある。また、総括所見は当該国の人権条約の解釈・運用に直接関係する。人権条約委員会は、締約国が提出した報告書を審査した後に総括所見を採択し、特定の課題・分野等について懸念を表明するとともに、当該問題点を解決するために必要と考える措置を提案・勧告するという報告制度のもとで、条約の実施を監視・促進している。総括所見は、締約国としては、裁判所の判決のような直接の法的拘束力はないが、正当に尊重され誠実に履行しなければならない。なぜなら、総括所見は、条約が実施措置として採用している報告制度の一環であり、それを誠実に履行することは条約上の義務の一部といえる。「政府の見解と違う部分がある」などという理由でこの所見の実現を怠ることは、報告制度が成り立たなくなるといってもよく、条約の実施措置からしても許されない。

　人権条約においてこれまで採択された一般的意見のなかでとくに教育への権利にとって重要なものは、社会権規約委員会による「初等教育のための行動計画」（一般的意見11, 1999年。以下、括弧内では「社11」と略す）、「教育への権利」（一般的意見13, 1999年。同様に、「社13」と略す）、子どもの権利委員会による「教育の目的」（一般的意見1, 2001年。「子1」と略す）等である。なお、複数の人権条約委員会が採択している一般的意見を一つのテーマにつき同列に扱って論じることに対して疑問があるかもしれないが、各人権条約委員会は相互に影響しあいながら一般的意見を採択しており、そこに共通の理念や内容を見出すことができる。

　報告審査・総括所見に関して、日本は、社会権規約について、1982年から86年に3回に分けて第1回締約国報告書を提出。第2回は、1999年に報告書提出、2001年に審査・総括所見、第3回は、2008年に報告書提出、2013年に審査され、総括所見が出されている。子どもの権利条約については、1996年に第1回の報告書を提出、1998年に審査、総括所見。第2回の報告書は2001年に提出、2004年に審査、総括所見。第3回は、2008年に報告書提出、2013年に審査、総括所見が出されている。

3　教育への権利についてのとらえ方とその内容

　先述したように、人権条約では、教育への権利の保障を重視している。言葉

は認識を表すので，世界人権宣言第26条の制定過程において，right to receive an education ではなく，より能動的で積極的な right to education に進展したこと，instruction ではなく，知的・道徳的・身体的な面を含む education になったことなどにも注目しておこう。社会権規約は，第13条に加えて第14条の初等教育実施義務を含む詳細な国の義務を規定し，子どもの権利条約は，第28条に加えて第29条で教育目的を独立の条文で規定するなど，教育への権利は条約のなかでも特別かつ詳細に規定されている。

教育はそれ自体で人権であるとともに，他の人権を実現する不可欠な手段でもある（社13，パラグラフ１）。また，この権利は，経済的権利，社会的権利，文化的権利としてさまざまに分類されてきた，そのすべてであり，この権利は多くの点で市民的権利でもあり政治的権利でもある。教育への権利はすべての人権の不可分性と相互依存性の縮図となっている（社11，パラ２）。

1　すべての者のあらゆる段階での権利

教育への権利はすべての者の権利である。この権利はとくに子どもの権利として固有のしかも重要な意義と役割をもつ。子どもの権利条約が発効している現在，子どもの教育への権利を権利の主体としての子どもからとらえ直すこと，とりわけどう保障されるかにとどまらず，どのように行使しうるのかという点が重要になっている。この点，子どもの権利条約が子どもを権利の全面的主体としてとらえ，教育への権利をはじめ子どもが一人の人間として自立していくうえで必要な権利をほとんど規定している意味は大きい。

すべての者の権利という側面は，教育における差別の禁止と平等なアクセスの促進，ならびにこれまで十分に保障されてこなかった女性・障害のある人・難民さらには少数者・先住民族などの主体別の教育への権利保障という二つの方向で実質化されている。

また，ユネスコ「学習権宣言」(1985年) に象徴されるように，国際社会においても，教育への権利の保障において学習権という理念とその具体化が重要な意味をもっている。そして，このことは，教育への権利が生涯にわたるあらゆ

る段階での権利であるという認識をいっそう高める。ILO「有給教育休暇条約」(1974年)などはその実質化を図るものといえる。

2　保障される教育の内容を問題にする権利

　世界人権宣言，社会権規約，子どもの権利条約のいずれの制定過程においても，教育の目的規定は，法的文書にそぐわないとか，合意が困難であるとか，かえって教育の概念を狭くするというような反対意見にもかかわらず，教育の目的を法定してきた。このことは，教育への権利が価値志向性をもつ権利であり，保障されるべき教育の質を問題にする権利であることを示している。教育への権利は，教育へのアクセスの平等やそのための条件整備をせずして実現しえないし，これらが権利性において何よりも重要である。しかし，これだけで教育への権利が保障されたとはいえず，各人が上の教育理念にふさわしい教育をいかに獲得するかがこの権利実現の鍵である。

　教育の目的として合意されている内容としては，世界人権宣言，社会権規約，子どもの権利条約と規定には差異が見られるが，それらの審議過程や実施状況あるいは最近の文書（たとえば，障害のある人の権利条約，「人権教育のための世界プログラム第1段階のための行動計画」(2005年～)等）を検討すれば，次のようなものをあげることができる。人格の全面的発達，人格や自己価値の尊厳の意識の発展，人権・基本的自由の尊重，すべての民族・集団等の相互理解・寛容・ジェンダーの平等・友好の促進，文化的アイデンティティ等の尊重，平和の構築・維持，自然環境の尊重，自由かつ民主的な社会への効果的な参加など。

　これらの教育の目的は，学校だけではなく家庭・地域・企業その他あらゆるタイプとレベルでの教育活動の指針となる。そしてなによりも国の教育政策・行政を拘束するものである。

　とくに子どもの教育は，子ども中心の，子どもにやさしい，子どものエンパワーにつながるものでなければならない（子1，パラ2）。教育はまた，必要不可欠なライフスキルがすべての子どもに伝えられることを目的としなければならない。そのライフスキルとは，十分にバランスのとれた決定を行い，紛争を

非暴力的に解決し，健全なライフスタイル，良好な社交関係および責任感を発達させる能力であり，批判的に考える方法であり，創造的な才能であり，かつ，人生の選択肢を追求するために必要な手段を子どもに与えるその他の能力である（同パラ9）。

さらに，教育の目的はあらゆる差別と相容れず，人種主義・人種差別・排外主義および関連の不寛容に対する闘いとつながることも強調している（同パラ11）。そして，とくに人権教育について強調し，人権教育が包括的な，生涯にわたるプロセスであるべきであり，かつ，子どもの日常的な生活および経験における人権の価値観を振り返るところから開始されるべきである（同パラ15・16）。

3　教育への権利を保障する条件の整備

社会権規約や子どもの権利条約は，教育への権利に対応する国の義務として，初等教育の義務制と無償制，中等教育および高等教育へのアクセス，教育・職業に関する情報・指導へのアクセス，定期的な通学の確保，学校の規律における子どもの尊厳と権利保障，基礎教育の促進，学校制度の発展，教育職員の条件の改善などを規定している。これらの規定が制定過程のなかで，教育への権利を空虚な約束に止めないためにも国家がとるべき措置をいっそう明記する必要があるという理由から詳細になっていったことに留意すべきである。

4　「教育の自由」「学問の自由」

教育への権利の保障に国が積極的に関与し義務を果たさなければならないからといって，人権条約は国の役割に全面的な信頼を寄せているわけではない。たとえば社会権規約は，教育の目的，親の私立学校選択および宗教的・道徳的教育確保の自由，個人および団体の私立学校設立の自由という三つの点から，教育の国家的独占・支配について歯止めをかけている。

他方，子どもの教育に関する親の自由も，子どもの権利の前に絶対的でありえない。世界人権宣言第26条3項では，親が子どもの教育種類を選択する優先的権利を有するとされていた。それが国際人権規約では，親の宗教的・道徳

的教育の自由に限定された。この自由は，社会権規約第13条に見られるように国の教育支配・独占を排除するという系と，自由権規約第18条4項が同様の規定をもつことからも明らかなように宗教・思想の自由という系から意義づけられ理解されている。そして子どもの権利条約では，条約の規定の仕方も関係している面はあるが，親の宗教的・道徳的教育の自由は規定されず（第14条で，子どもの思想・宗教の自由を認め，「子どもの能力の発達と一致する方法」で親の指示する権利・義務を規定している），親は子どもの最善の利益を基本にした子どもの養育と発達の第一義的責任者であり，子どもが権利を行使するにあたって適切に指示・指導する責任・権利・義務があると位置づけられている。親の教育の自由は，子どもの権利条約からすると，子どもの権利保障のための自由として位置づけられる。これらの関係をどのように把握するかについてはさらに検討が必要であるが，国家に対する場合と子どもに対する場合とを区別して理解することができよう。

なお，教育への権利は学問の自由の保障とも密接にかかわる。社会権規約委員会では，規約第13条の報告審査において，学問の自由の侵害も問題にしており，教育への権利は教職員および生徒・学生の学問の自由がともなわなければ享受できないという見解をとるようになった。社会権規約・一般的意見でも，高等教育機関にとくに注意を払っているが，教育部門のすべてにわたる教職員および学生が学問の自由への権利を有していることを強調している。そして，学問の自由および高等教育機関の自治の内容を示している（社13，パラ38－40）。ここで注目すべきは，教職員のみならず生徒・学生の自由までも含めて学問の自由を認識していることである。

5　学校の規律や懲戒における人権保障

子どもの権利条約では，学校の規律や懲戒を人間の尊厳に適合する方法で，かつ条約の権利を尊重して運用するよう定めている（第28条第2項）。社会権規約・一般的意見でも，体罰が人間の尊厳に一致しないことを確認し，いかなる形態の規律の維持も，規約に基づく人権を侵害すべきではないことを強調して，

規律の維持に関しては非暴力的なアプローチを導入するよう積極的に学校に奨励する取組みを歓迎している（社13，パラ41）。

4 教育への権利の実現にむけた国の義務

1 国の義務のありよう

　教育への権利は社会権であるので，国の義務は漸進的なものであるというとらえ方がされる。たしかに社会権規約は漸進的実現を規定し，利用可能な資源の限界による制約を認めているものの，締約国に対して教育への権利がいかなる差別もなしに行使されることを保障し，同規約第13条の全面的実現に向けて行動をとる義務のような即時的義務を課している。そして漸進的実現とは，締約国に第13条の全面的実現にむけてできるかぎり迅速にかつ効果的に行動する具体的で継続的な義務があることを意味する。教育への権利の関連でなんらかの後退的措置をとることについては，その許容性を認めない強い推定が存することに留意が必要である（社13，パラ43-45）。

2 教育への平等のアクセス

　教育への権利保障の中心的課題は現状ではなお教育への平等のアクセスである。
　差別の禁止や平等のアクセスにかかわる具体的な措置としては，第一に，国は，女子，低収入の子ども，農村地域の子ども，障害のある子ども，移民・移住労働者の子ども，言語的・人種的・宗教的少数者の子ども，先住民の子ども，婚外子，ストリートチルドレン等にとくに留意し，平等なアクセスを保障しなければならない。そのためにも第二に，国はユネスコの教育差別禁止条約第3条が規定するような義務を果たさねばならない。すなわち，教育上の差別を含む法律上の規定や行政上の命令あるいは慣行を廃止すること，教育機関への生徒の入学について無差別の確保，授業料や奨学金またはその他の生徒に対する援助などにおいては成績や必要性に基づく場合を除き国民の間に公の機関によるいかなる取り扱いの相違も許さないこと，公の機関が教育機関に与えるいかなる形態の援助についても生徒が特定の集団に属するという理由のみで制限や

優先を許さないこと，自国領域内に居住する外国民に自国民に与えるのと同一の教育を享受する機会を与えること。第三に，平等なアクセス保障のために積極的な措置，アファーマティブ・アクションが要請される。

さらに，人権条約委員会による報告審査においては，立法などの措置のみならず，識字率・就学率・退学者率・卒業率などが具体的な指標にされている。

また，女性差別撤廃条約第10条は，教育における女性差別の撤廃のための措置として，同一の教育課程，試験，同一水準の資格の教育職員ならびに同一の質の学校施設・設備，さらに男女の役割についての定型化された概念の撤廃をあげている。

なお，障害のある人のアクセス保障については，障害のある人の権利条約が詳細に定めている。関連して，ユネスコ「特別ニーズ教育に関するサラマンカ宣言・行動枠組」（1994年）等がある。これらのキーワードはインクルージョンであり，そのための条件整備（個人のニーズに応じた合理的な配慮を含む）を具体的に要請している。

さらに関連する国際文書としては，とくに「万人のための教育に関する世界宣言」「同行動計画」（1990年），「万人のための教育に関するダカール行動枠組」（2000年）等がふまえられねばならない。

3　初等・中等・高等教育へのアクセス保障──義務制・無償制

教育への権利の保障において，義務的で無償の初等教育の確保と発展はその基本的要素として位置づけられてきた。初等教育の義務は，とくに子どもの権利の視点から理解され，初等教育の保障において無償制と義務制は不可分であると理解されている。

教育の無償制においては，子ども・親または保護者に対して対価を要求することなく初等教育を利用できることが基本である。政府・地方の公的機関または学校が課す料金その他の直接の費用はこの権利の享受に対する阻害要因となる。親に対する強制的負担要求のような間接的な費用あるいは比較的高価な制服の着用義務も，同じ範疇に含まれうる（社11，パラ7）。また，古くは国際公

教育会議の「学校備品の無償供与に関する勧告」(21号,1947年)が,学校備品の無償供与の原則が義務制学校教育の本来的で必然的な系として考慮されるとして(パラ1),必要不可欠な最低限のニーズは義務教育に求められるすべての学校備品の無償供与にあるとし(同2),さらに,遠距離通学者には輸送の手段が無償で用意されなければならない(同6),とする。国際公教育会議の「学校給食および衣服に関する勧告」(33号,1951年)もある。これらの勧告は,世界人権宣言や社会権規約の無償制の規定に影響を及ぼしている。

中等教育および高等教育へのアクセス保障については,社会権規約第13条2項(b)(c)で,「すべての適当な方法により,特に無償教育の漸新的な導入により」と規定されている。子どもの権利条約第28条では,(b)中等教育で,「例えば,無償教育の導入,必要な場合における財政的援助の提供のような適当な措置をとる」,(c)高等教育では,「すべての適当な方法により」のみで,規約にあった「特に無償教育の漸進的な導入により」が規定されていない。しかし,子どもの権利条約の規定も社会権規約と同様に「無償教育の導入」を基本に理解することが求められている。そこでの「無償教育の漸進的な導入」とは,国は無償の初等教育の提供に優先順位を置かなければならないものの,無償の中等教育および高等教育の達成にむけて具体的な措置をとる義務もある(社13,パラ14)。

この中等教育には,自律的で非組織的な教育も含まれる。また,技術的および職業的教育が教育への権利と労働権(規約第6条等)にまたがるもので,あらゆる段階の教育の不可欠な要素である(社13,パラ16)。関連国際文書としては,ユネスコ「技術教育および職業教育に関する条約」(1989年)などが参照されなければならない。

教育情報・指導および職業情報・指導へのアクセス保障については,ユネスコ「技術教育および職業教育に関する条約」(1989年)やILO「人的資源の開発における職業指導および職業訓練に関する条約」(1975年)などがある。

4 基礎教育の奨励・強化

社会権規約は,教育への権利保障の現実に対応して,初等教育を受けなかっ

た者またはその全課程を修了しなかった者に対して少なくとも初等教育に相当する基礎教育を保障しようとする（第13条2項(d)）。この義務が「できる限り奨励されまたは強化される」ことになっているのは，基礎教育分野の解決を緊急課題としている多くの国々が基礎教育に関する義務づけが最も困難なところであることなどの理由による。基礎教育への権利は，基本的な学習ニーズを満たしていないすべての者に及び，成人教育および生涯学習の不可欠な構成要素である（社13, パラ23・24）。

5　教育職員の物質的条件の改善

教育への権利の実質的保障にとって，制度的な条件整備にとどまらず，教育に直接携わる教育職員の物質的条件の不断の改善が不可欠である。この点では，とくにILO・ユネスコの「教員の地位に関する勧告」（1966年）およびユネスコの「高等教育職員の地位に関する勧告」（1997年）の内容がふまえられなければならない。

「教員の地位に関する勧告」では，教育の仕事は専門職であるとし，教員はその地位にふさわしい保障が与えられるとする。さらに，継続教育（第6章），雇用の安定や身分の保障（第7章），学問の自由・市民的権利・ストライキ権を含む教員の権利（第8章），学級規模等をふくむ効果的な授業と学習のための条件（第9章），適正な給与（第10章），適切な社会保障（第11章）なども規定されている。教育職員の物質的条件の改善は，教育職員の職業上の自由や権利の保障を含むものであり，かつその発展につながるものでなければならない。

学校制度に関しては，締約国は総合的発展戦略をもつ義務があり（社13, パラ25），教育職員の物質的条件の改善にあたっては，上記の「教員の地位に関する勧告」および「高等教育職員の地位に関する勧告」などをふまえる必要がある（同パラ27）。

なお，教員および学生の学問の自由を否定することが人権条約の教育への権利違反になる，と理解されている点を改めて強調しておきたい。

6　教育目的の実現

　教育の目的規定は，教育への権利を促進するプロセスを重視する。これには，カリキュラムの内容だけではなく，教育課程，教育方法，および教育が行われるすべての環境が含まれる。子どもは校門をくぐることによって人権を失うわけではない。したがって，たとえば教育が提供される方法は子どもの固有の尊厳を尊重し，子どもの権利条約第12条にしたがって子どもの自由な意見表明や学校生活への参加を可能にするようなものでなければならない。また，学校生活への子どもの参加，学校共同体および生徒会の創設，ピア・エデュケーションおよびピア・カウンセリング，ならびに学校懲戒手続への子どもの関与が，権利の実現を学びかつ経験するプロセスの一環として促進されなければならない（子1　パラ8）。

　そして，条約の教育の目的と一致しない教育課程を用いることや，それらとの適合を監視する透明かつ効果的なシステムを維持しないことは，条約違反になるのである。

　教育の目的規定を実施するにあたって，国は，人権条約のなかに教育の目的が規定された経緯からしても，教育への権利の意義や規範内容からしても，「教育の自由」を尊重し，諸条件整備の義務を果たすことが求められており，教育の目的を実現する方法ならびにそれに反する教育を排除する方法は非権力的でなければならない。
　　　　　　　　　　　　　　　　　　　　　　　　　　　　【荒牧　重人】

考えてみよう
1．人権条約の規定や運用から教育をめぐる法と制度の国際的動向をとらえてみよう。
2．人権条約から教育をめぐる日本の法や制度を見直してみよう。

参考文献
荒牧重人・小川正人・喜多明人ほか『ガイドブック　教育法』三省堂，2009年
宮崎繁樹編著『解説　国際人権規約』日本評論社，1996年
喜多明人・荒牧重人ほか編『逐条解説　子どもの権利条約』日本評論社，2009年

コラム・なぜ「ロシア五輪」でなく「ソチ五輪」というのか
なぜ「日本五輪」でなく「東京五輪」というのか

　標記のような疑問を投げかけると，その「正解」を即座に答えられる人は意外に少ない。それはオリンピック（五輪）競技の華々しさに目を奪われ，マスコミのながす「ソチ五輪」「ソチ五輪」「ソチ五輪」という繰り返しの言葉が脳裏に染み込んでいるからではなかろうか。

　オリンピックについて考える際にも，「法と制度」についての発想が大切である。そこで，この問いに対する答えを見出すために登場願わねばならないのが，オリンピック憲章（Olympic Charter）である。この憲章は，数年ごとに一部改正されているのであるが，現行憲章である2011年版（2011年7月8日から有効）のものを見ると，次のような規定が存在する。

　「Ⅰ．オリンピック競技大会の開催，組織と運営
　　32　オリンピック競技大会の開催
　1．オリンピアード競技大会は，オリンピアードの最初の年に開催され，オリンピック冬季競技大会は3年目に開催される。
　2．オリンピック競技大会を開催する栄誉と責任は，オリンピック競技大会の開催都市に選定された都市に対し，IOCによって委ねられる。」

　つまり，オリンピックの開催主体は，「国」ではなく「都市」なのである。したがって，「開催都市」の名にオリンピックを続けて「ソチ・オリンピック」と呼んでいるのである。東京オリンピックも同様である。

　また，オリンピック開催中には新聞などに，選手が獲得したメダルの数を「国別」の表にしているのを見る。2014年2月に開催されたソチ・オリンピックの報道を見ると，その表に次のようなタイトルをつけていた。どれが望ましいものであろうか。

　「メダル獲得表」（『朝日新聞』），「メダル獲得数」（『読売新聞』），
　「国別メダル表」（『毎日新聞』），「国別メダル数」（『産経新聞』）

　再びオリンピック憲章を眺めてみよう。

「6　オリンピック競技大会
1．オリンピック競技大会は，個人種目または団体種目での選手間の競争であり，国家間の競争ではない。」

　実は，オリンピック競技大会は，「選手間の競争」であり，「国家間の競争」ではないのである。この点をしっかりふまえるならば，このような「国別」の表を作成し，「国家間の競争」の競争を煽ることは，決して好ましいことではないといえる。ましてや「国別」とタイトルを付けることは，決して望ましいものではないといえるのではなかろうか。
　このようにオリンピック憲章は，オリンピックが国威発揚の場となることを慎重に避けようとしていることにも留意したいのである。

〔浪本　勝年〕

資 料 編

教育基本法（新旧対照表）

教育基本法（現行法） （2006年法律第120号）	教育基本法（旧法） （1947年法律第25号）
前文 　我々日本国民は，たゆまぬ努力によって築いてきた民主的で文化的な国家を更に発展させるとともに，世界の平和と人類の福祉の向上に貢献することを願うものである。 　我々は，この理想を実現するため，個人の尊厳を重んじ，真理と正義を希求し，公共の精神を尊び，豊かな人間性と創造性を備えた人間の育成を期するとともに，伝統を継承し，新しい文化の創造を目指す教育を推進する。 　ここに，我々は，日本国憲法の精神にのっとり，我が国の未来を切り拓く教育の基本を確立し，その振興を図るため，この法律を制定する。	前文 　われらは，さきに，日本国憲法を確定し，民主的で文化的な国家を建設して，世界の平和と人類の福祉に貢献しようとする決意を示した。この理想の実現は，根本において教育の力にまつべきものである。 　われらは，個人の尊厳を重んじ，真理と平和を希求する人間の育成を期するとともに，普遍的にしてしかも個性ゆたかな文化の創造をめざす教育を普及徹底しなければならない。 　ここに，日本国憲法の精神に則り，教育の目的を明示して，新しい日本の教育の基本を確立するため，この法律を制定する。
第1章　教育の目的及び理念 （教育の目的） 第1条　教育は，人格の完成を目指し，平和で民主的な国家及び社会の形成者として必要な資質を備えた心身ともに健康な国民の育成を期して行われなければならない。	第1条（教育の目的）教育は，人格の完成をめざし，平和的な国家及び社会の形成者として，真理と正義を愛し，個人の価値をたつとび，勤労と責任を重んじ，自主的精神に充ちた心身ともに健康な国民の育成を期して行われなければならない。
（教育の目標） 第2条　教育は，その目的を実現するため，学問の自由を尊重しつつ，次に掲げる目標を達成するよう行われるものとする。 一　幅広い知識と教養を身に付け，真理を求める態度を養い，豊かな情操と道徳心を培うとともに，健やかな身体を養うこと。 二　個人の価値を尊重して，その能力を伸ばし，創造性を培い，自主及び自律の精神を養うとともに，職業及び生活との関連を重視し，勤労を重んずる態度を養うこと。 三　正義と責任，男女の平等，自他の敬愛と協力を重んずるとともに，公共の精神に基づき，主体的に社会の形成に参画し，その発展に寄与する態度を養うこと。 四　生命を尊び，自然を大切にし，環境の保全に寄与する態度を養うこと。 五　伝統と文化を尊重し，それらをはぐくん	第2条（教育の方針）教育の目的は，あらゆる機会に，あらゆる場所において実現されなければならない。この目的を達成するためには，学問の自由を尊重し，実際生活に即し，自発的精神を養い，自他の敬愛と協力によって，文化の創造と発展に貢献するように努めなければならない。

できた我が国と郷土を愛するとともに，他国を尊重し，国際社会の平和と発展に寄与する態度を養うこと。

(生涯学習の理念)
第3条　国民一人一人が，自己の人格を磨き，豊かな人生を送ることができるよう，その生涯にわたって，あらゆる機会に，あらゆる場所において学習することができ，その成果を適切に生かすことのできる社会の実現が図られなければならない。

(教育の機会均等)
第4条　すべて国民は，ひとしく，その能力に応じた教育を受ける機会を与えられなければならず，人種，信条，性別，社会的身分，経済的地位又は門地によって，教育上差別されない。
2　国及び地方公共団体は，障害のある者が，その障害の状態に応じ，十分な教育を受けられるよう，教育上必要な支援を講じなければならない。
3　国及び地方公共団体は，能力があるにもかかわらず，経済的理由によって修学が困難な者に対して，奨学の措置を講じなければならない。

第2章　教育の実施に関する基本
(義務教育)
第5条　国民は，その保護する子に，別に法律で定めるところにより，普通教育を受けさせる義務を負う。
2　義務教育として行われる普通教育は，各個人の有する能力を伸ばしつつ社会において自立的に生きる基礎を培い，また，国家及び社会の形成者として必要とされる基本的な資質を養うことを目的として行われるものとする。
3　国及び地方公共団体は，義務教育の機会を保障し，その水準を確保するため，適切な役割分担及び相互の協力の下，その実施に責任を負う。
4　国又は地方公共団体の設置する学校における義務教育については，授業料を徴収しない。

(削除)

(学校教育)
第6条　法律に定める学校は，公の性質を有す

第3条（教育の機会均等）すべて国民は，ひとしく，その能力に応ずる教育を受ける機会を与えられなければならないものであつて，人種，信条，性別，社会的身分，経済的地位又は門地によつて，教育上差別されない
2　国及び地方公共団体は，能力があるにもかかわらず，経済的理由によつて修学困難な者に対して，奨学の方法を講じなければならない。

第4条（義務教育）国民は，その保護する子女に，9年の普通教育を受けさせる義務を負う。

2　国又は地方公共団体の設置する学校における義務教育については，授業料は，これを徴収しない。

第5条（男女共学）男女は，互に敬重し，協力し合わなければならないものであつて，教育上男女の共学は，認められなければならない。

第6条（学校教育）法律に定める学校は，公の

るものであって，国，地方公共団体及び法律に定める法人のみが，これを設置することができる。
2　前項の学校においては，教育の目標が達成されるよう，教育を受ける者の心身の発達に応じて，体系的な教育が組織的に行われなければならない。この場合において教育を受ける者が，学校生活を営む上で必要な規律を重んずるとともに，自ら進んで学習に取り組む意欲を高めることを重視して行われなければならない。

「(教員) 第9条」として独立

(大学)
第7条　大学は，学術の中心として，高い教養と専門的能力を培うとともに，深く真理を探究して新たな知見を創造し，これらの成果を広く社会に提供することにより，社会の発展に寄与するものとする。
2　大学については，自主性，自律性その他の大学における教育及び研究の特性が尊重されなければならない。

(私立学校)
第8条　私立学校の有する公の性質及び学校教育において果たす重要な役割にかんがみ，国及び地方公共団体は，その自主性を尊重しつつ，助成その他の適当な方法によって私立学校教育の振興に努めなければならない。

(教員)
第9条　法律に定める学校の教員は，自己の崇高な使命を深く自覚し，絶えず研究と修養に励み，その職責の遂行に努めなければならない。
2　前項の教員については，その使命と職責の重要性にかんがみ，その身分は尊重され，待遇の適正が期せられるとともに，養成と研修の充実が図られなければならない。

(家庭教育)
第10条　父母その他の保護者は，子の教育について第一義的責任を有するものであって，生活のために必要な習慣を身に付けさせるとともに，自立心を育成し，心身の調和のとれた発達を図るよう努めるものとする。

性質をもつものであつて，国又は地方公共団体の外，法律に定める法人のみが，これを設置することができる。

2　法律に定める学校の教員は，全体の奉仕者であつて，自己の使命を自覚し，その職責の遂行に努めなければならない。このためには，教員の身分は，尊重され，その待遇の適正が，期せられなければならない。

2　国及び地方公共団体は，家庭教育の自主性を尊重しつつ，保護者に対する学習の機会及び情報の提供その他の家庭教育を支援するために必要な施策を講ずるよう努めなければならない。

（幼児期の教育）
第11条　幼児期の教育は，生涯にわたる人格形成の基礎を培う重要なものであることにかんがみ，国及び地方公共団体は，幼児の健やかな成長に資する良好な環境の整備その他適当な方法によって，その振興に努めなければならない。

（社会教育）
第12条　個人の要望や社会の要請にこたえ，社会において行われる教育は，国及び地方公共団体によって奨励されなければならない。

2　国及び地方公共団体は，図書館，博物館，公民館その他の社会教育施設の設置，学校の施設の利用，学習の機会及び情報の提供その他の適当な方法によって社会教育の振興に努めなければならない。

（学校，家庭及び地域住民等の相互の連携協力）
第13条　学校，家庭及び地域住民その他の関係者は，教育におけるそれぞれの役割と責任を自覚するとともに，相互の連携及び協力に努めるものとする。

（政治教育）
第14条　良識ある公民として必要な政治的教養は，教育上尊重されなければならない。

2　法律に定める学校は，特定の政党を支持し，又はこれに反対するための政治教育その他政治的活動をしてはならない。

（宗教教育）
第15条　宗教に関する寛容の態度，宗教に関する一般的な教養及び宗教の社会生活における地位は，教育上尊重されなければならない。

2　国及び地方公共団体が設置する学校は，特定の宗教のための宗教教育その他宗教的活動をしてはならない。

第3章　教育行政
（教育行政）
第16条　教育は，不当な支配に服することなく，

第7条（社会教育）家庭教育及び勤労の場所その他社会において行われる教育は，国及び地方公共団体によつて奨励されなければならない。
2　国及び地方公共団体は，図書館，博物館，公民館等の施設の設置，学校の施設の利用その他適当な方法によつて教育の目的の実現に努めなければならない

第8条（政治教育）良識ある公民たるに必要な政治的教養は，教育上これを尊重しなければならない。
2　法律に定める学校は，特定の政党を支持し，又はこれに反対するための政治教育その他政治的活動をしてはならない。

第9条（宗教教育）宗教に関する寛容の態度及び宗教の社会生活における地位は，教育上これを尊重しなければならない。
2　国及び地方公共団体が設置する学校は，特定の宗教のための宗教教育その他宗教的活動をしてはならない。

第10条（教育行政）教育は，不当な支配に服す

この法律及び他の法律の定めるところにより行われるべきものであり，教育行政は，国と地方公共団体との適切な役割分担及び相互の協力の下，公正かつ適正に行われなければならない。
2　国は，全国的な教育の機会均等と教育水準の維持向上を図るため，教育に関する施策を総合的に策定し，実施しなければならない。
3　地方公共団体は，その地域における教育の振興を図るため，その実情に応じた教育に関する施策を策定し，実施しなければならない。
4　国及び地方公共団体は，教育が円滑かつ継続的に実施されるよう，必要な財政上の措置を講じなければならない。

（教育振興基本計画）
第17条　政府は，教育の振興に関する施策の総合的かつ計画的な推進を図るため，教育の振興に関する施策についての基本的な方針及び講ずべき施策その他必要な事項について，基本的な計画を定め，これを国会に報告するとともに，公表しなければならない。
2　地方公共団体は，前項の計画を参酌し，その地域の実情に応じ，当該地方公共団体における教育の振興のための施策に関する基本的な計画を定めるよう努めなければならない。

第4章　法令の制定
第18条　この法律に規定する諸条項を実施するため，必要な法令が制定されなければならない。

附則
（施行期日）
1　この法律は，公布の日から施行する。
2　（略）
3　（略）

ることなく，国民全体に対し直接に責任を負つて行われるべきものである。
2　教育行政は，この自覚のもとに，教育の目的を遂行するに必要な諸条件の整備確立を目標として行われなければならない。

第11条（補則）この法律に掲げる諸条項を実施するために必要がある場合には，適当な法令が制定されなければならない。

附則
この法律は，公布の日から，これを施行する。

戦前・戦後教育法年表

I　第二次世界大戦での敗戦まで　1868（明治元）〜1945（昭和20）

年	教　　育	政治・社会
1868（明治元）年		9・8　明治と改元、一世一元の制を定める
1869（明治2）年		6・17　版籍奉還
1871（明治4）年	7・18　文部省設置	7・14　廃藩置県
1872（明治5）年	8・2　学制布告書（8・3学制頒布）	11・9　太陰暦を廃し太陽暦を採用
1873（明治6）年		1・10　徴兵令発布
1874（明治7）年		1・17　副島種臣ら、民撰議院設立建白書提出
1875（明治8）年	1・8　学齢を満6年から満14年までと定める	
1877（明治10）年	4・12　東京大学創設	2・15　西南の役起こる
1879（明治12）年	9・29　教育令公布（学制廃止）	4・4　琉球処分（琉球藩を廃止し、沖縄県を設置。県庁は首里）
		6・4　東京招魂社を靖国神社と改称
1880（明治13）年	12・28　教育令を改正（改正教育令公布）	4・5　集会条例公布
1881（明治14）年	6・18　小学校教員心得制定	10・12　国会開設の期を明治23（1890）年とする詔勅発布
1882（明治15）年	11・27　幼学綱要下賜	1・4　軍人勅諭発布
1883（明治16）年	7・31　教科書認可制度を実施	
1884（明治17）年	8・13　中学校師範学校教員免許規程制定	
1885（明治18）年	12・22　森有礼、初代文部大臣に就任	12・22　伊藤博文内閣成立（内閣制度発足）
1886（明治19）年	4・10　師範学校令・小学校令・中学校令・諸学校通則公布	
1887（明治20）年	5・7　教科用図書検定規則公布	12・26　保安条例公布
1888（明治21）年		4・25　市制・町村制公布（'89・4から実施）
1889（明治22）年		2・11　大日本帝国憲法発布
1890（明治23）年	10・30　教育ニ関スル勅語渙発	11・29　第1回帝国議会開会式
1891（明治24）年	6・17　小学校祝日大祭日儀式規程公布	
1892（明治25）年	7・11　尋常師範学校の学科及程度改定（4月学年制採用）	
1893（明治26）年	11・20　実業補習学校規程公布	
1894（明治27）年	6・25　高等学校令公布	8・1　日清戦争始まる（宣戦布告）
1897（明治30）年	5・4　地方視学設置	
1898（明治31）年	7・28　台湾公学校令公布	
1899（明治32）年	10・20　小学校教育費国庫補助法公布	
1900（明治33）年		3・10　治安警察法公布
1902（明治35）年	12・―　教科書疑獄事件起こる（12・17検挙開始）	1・30　日英同盟協約調印
1903（明治36）年	4・13　国定教科書制度成立（小学校令改正）	
1904（明治37）年	4・―　小学校国定教科書使用開始	2・10　日露戦争始まる
1907（明治40）年	3・21　義務教育年限を6年に延長（小学校令改正、翌年4月施行）	
1908（明治41）年	9・5　文部省、教科用図書調査委員会設置	10・13　戊申詔書発布
1910（明治43）年		5・25　大逆事件
1911（明治44）年		3・29　工場法公布
1912（大正元）年		12・19　憲政擁護大会開催（第一次護憲運動）
1913（大正2）年	7・16　3学級2教員制を認め、兵式体操を教練と改正	
1914（大正3）年	1・14　京都帝大で沢柳事件起こる	7・28　第一次世界大戦起こる
1916（大正5）年		1・―　吉野作造、民本主義の論文発表
1917（大正6）年	9・21　臨時教育会議設置（12・15兵式体操振興建議）	11・7　ソビエト政権樹立（ロシア10月革命）
1918（大正7）年	3・27　市町村義務教育費国庫負担法公布	
1919（大正8）年	8・4　下中弥三郎ら、啓明会結成（初の教員組合）	
1920（大正9）年	1・13　東京帝大で森戸事件起こる	1・10　国際連盟発足
1921（大正10）年	4・―　大学・高等学校の学年開始を9月から4月に改める	
1923（大正12）年	5・19　帝国議会教育会、義務教育8年延長案を決定	11・10　国民精神作興に関する詔書発布
1924（大正13）年	4・10　野口援太郎ら、池袋児童の村を創設	1・10　第二次護憲運動起こる
1925（大正14）年		4・22　治安維持法公布
1928（昭和3）年	10・30　文部省、学生課を設置（思想問題で指導・監督等）	
1929（昭和4）年		10・24　ニューヨーク株式市場大暴落（世界の大恐慌始まる）
1930（昭和5）年		4・22　ロンドン海軍縮条約調印
1931（昭和6）年		9・18　満州事変起こる（柳条湖事件）

資料編　187

年		
1933（昭和8）年	5・26 京都帝大で滝川事件起こる	3・27 日本，国際連盟を脱退
1936（昭和11）年	7・4 文部省，義務教育8年制実施計画要綱決定	11・25 日独防共協定調印
1937（昭和12）年	5・31 文部省編『国体の本義』刊行	7・7 日中戦争始まる（盧溝橋事件）
1938（昭和13）年		4・1 国家総動員法公布
1939（昭和14）年	5・22 青少年学徒ニ賜ハリタル勅語下賜	9・3 第二次世界大戦勃発
1941（昭和16）年	3・1 国民学校令公布	12・8 太平洋戦争起こる（日本軍，ハワイ真珠湾を攻撃）
1944（昭和19）年	2・16 国民学校令等戦時特例公布（義務教育8年制を停止）	2・25 閣議，決戦非常措置要綱決定

Ⅱ　第二次世界大戦後　1945（昭和20）〜 2014（平成26）

年	教　育	政治・社会
1945（昭和20）年	9・15 文部省，「新日本建設ノ教育方針」発表 10・5 戦時教育令廃止 10・22 GHQ「日本教育制度ニ対スル管理政策ニ関スル件」指令 12・1 全日本教員組合結成 12・31 GHQ「修身，日本歴史及ビ地理停止ニ関スル件」指令	8・15 天皇，終戦詔勅放送 9・2 降伏文書調印 9・22 米政府，「降伏後における米国の初期の対日方針」公表 10・24 国際連合発足（51カ国） 12・17 衆議院議員選挙法改正公布（婦人参政権）
1946（昭和21）年	3・5 第1次アメリカ教育使節団来日 8・9 教育刷新委員会官制公布	1・1 天皇，人間宣言 3・6 政府，憲法改正草案要綱を発表 11・3 日本国憲法公布
1947（昭和22）年	3・20 文部省，学習指導要領一般編（試案）を発行 3・31 教育基本法・学校教育法公布	1・31 GHQ，2・1ゼネストの中止命令 4・20 第1回参議院議員選挙 5・3 日本国憲法施行 8・4 最高裁判所発足
1948（昭和23）年	6・19 教育勅語に関し，衆議院で排除，参議院で失効確認の決議 7・15 教育委員会法，少年法，少年院法公布 12・22 法務庁「児童懲戒権の限界について」回答	1・6 ロイヤル米陸軍長官，日本は共産主義の防壁と演説 12・10 国連総会，「人権に関する世界宣言」採択
1949（昭和24）年	1・12 教育公務員特例法公布 4・1 検定教科書使用開始 5・31 文部省設置法，教育職員免許法公布 6・10 社会教育法公布 12・15 私立学校法公布	3・7 ドッジライン明示 7・5 下山事件（7・15三鷹事件，8・17松川事件） 8・26 シャウプ使節団，税制改革勧告案発表 12・10 湯川秀樹，ノーベル賞受賞（日本人初）
1950（昭和25）年	4・3 一般職の職員の給与に関する法律公布 5・6 天野貞祐，文相就任（最後の学者文相） 12・13 地方公務員法公布	6・25 朝鮮戦争始まる 8・10 警察予備隊発足
1951（昭和26）年	5・5 児童憲章，児童憲章宣言式で宣言 6・22 大学入学資格検定規程公布 11・14 天野貞祐，「国民実践要領」発表 11・16 政令改正諮問委員会「教育制度の改革に関する答申」を決定	9・8 対日平和条約・日米安全保障条約調印
1952（昭和27）年	6・6 中央教育審議会令公布 8・8 義務教育費国庫負担法公布 8・12 岡野清豪，文相就任（これ以後，党人文相となる） 11・1 市区町村教委全国いっせい設置	2・20 東大でポポロ事件 4・28 対日平和条約・日米安全保障条約発効 10・15 警察予備隊を保安隊に改組
1953（昭和28）年		7・27 朝鮮休戦協定調印（板門店） 10・2 池田・ロバートソン会談
1954（昭和29）年	6・3 義務教育諸学校における教育の政治的中立の確保に関する臨時措置法公布	3・1 米国，ビキニ水爆実験（第五福龍丸被災） 3・8 MSA協定調印 6・9 防衛庁設置法・自衛隊法公布
1955（昭和30）年		4・18 アジア・アフリカ会議，バンドンで開催 8・6 第1回原水爆禁止世界大会広島大会 11・15 保守合同，自由民主党結成
1956（昭和31）年	3・30 就学困難な児童のための教科用図書の給与に対する国の補助に関する法律公布 6・30 地方教育行政の組織及び運営に関する法律公布	6・11 憲法調査会法公布 12・18 国連総会，日本の国連加盟可決（80番目）

資料編

年	教育関係事項	一般事項
1957（昭和32）年	9・28 文部省，小中高生に対し，初の学力調査実施 7・23 最高裁，京都超勤判決 8・13 文部省，「勤務評定」実施通達 9・19 最高裁，学校教育法就学義務違反事件決定（共学反対の父親に罰金千円）	10・4 ソ連，人工衛星スプートニク1号打上げに成功
1958（昭和33）年	1・8 民立法により，沖縄に教育基本法公布 3・18 文部省，小・中学校で道徳教育の時間特設を実施するよう通達 4・10 学校保健法公布 5・1 公立義務教育諸学校の学級編制及び教職員定数の標準に関する法律公布 10・1 文部省，小・中学校学習指導要領，官報に告示として公示	6・8 憲法問題研究会発足 10・9 岸信介首相，米NBC放送記者に「憲法第9条廃止のとき」と言明
1959（昭和34）年	10・31 文部省，初の教育白書『わが国の教育水準』発表 11・20 国連総会，「子どもの権利宣言」満場一致採択	3・30 東京地裁，安保条約による米軍駐留を違憲と判決 12・16 最高裁，砂川事件安保合憲判決
1960（昭和35）年		1・19 岸首相ら新安保条約調印 6・19 日米安保条約自然成立（6・23発効） 12・27 閣議，国民所得倍増計画決定（高度経済成長政策）
1961（昭和36）年	2・13 文部省，「小学校児童指導要録および中学校生徒指導要録の改訂について」通達 8・30 文部省，高等専門学校設置基準公布 10・26 文部省，中学2・3年生全員を対象に全国一せい学力調査実施 11・6 公立高等学校の設置，適正配置及び教職員定数の標準に関する法律公布	6・12 農業基本法公布 9・30 OECD発足
1962（昭和37）年	3・31 義務教育諸学校の教科用図書の無償に関する法律公布 9・14 熊本地裁，初の学力テスト（悉皆）適法判決 11・5 文部省，教育白書『日本の成長と教育』発表	5・10 新産業都市建設促進法公布 10・5 閣議，全国総合開発計画を決定
1963（昭和38）年	4・1 文部省，教師用「道徳教育の手引き」を作成し全教師に無償配布 12・21 教職員標準法改正法公布（1学級45人） 12・21 義務教育諸学校の教科用図書の無償措置に関する法律公布	8・14 政府，部分的核実験停止条約に調印 11・22 ケネディ大統領，暗殺される
1964（昭和39）年	2・26 最高裁，義務教育教科書費国庫負担請求事件判決（上告棄却） 7・14 最高裁，和教組専従事件地公法合憲判決 10・14 文部省，学テの規模縮小発表	4・28 日本，OECDに加盟 10・10～24 東京オリンピック開催
1965（昭和40）年	4・20 文部省，「生徒指導の手引き」作成，全国の中・高校へ配布 6・12 家永三郎，第1次教科書裁判（国家賠償請求事件）提訴 6・26 東京地裁，東大ポポロ事件差戻し審判決（学生有罪）	2・7 米，ベトナム戦争で北爆開始 6・22 日韓基本条約など調印，全国各地で抗議集会
1966（昭和41）年	9・21～10・5 ユネスコの特別政府間会議，「教員の地位に関する勧告」を採択 10・31 中教審，「後期中等教育の拡充整備について」答申（別記「期待される人間像」を含む） 11・22 文部省，来年の全国学力調査は中止し，3年ごとに1回の実施をすると発表	6・25 祝日法一部改正法公布（建国記念の日など新設） 8・ー 中国で紅衛兵による大整風運動始まる
1967（昭和42）年	1・13 文部省，建国記念の日について通達 6・10 東京教育大，筑波移転を強行可決 8・31 文部省，教材基準を策定	5・24 最高裁，朝日訴訟判決 12・11 佐藤栄作首相，非核三原則言明
1968（昭和43）年	4・17 美濃部亮吉都知事，朝鮮大学校を各種学校として認可	4・5 小笠原返還協定に調印 10・23 政府，「明治百年記念式典」挙行
1969（昭和44）年	1・20 東大入試中止決定 4・2 最高裁，都教組勤評刑事事件無罪判決（地公法は違憲の疑い）	5・30 閣議，「新全国総合開発計画」決定 11・21 佐藤・ニクソン共同声明（沖縄の祖国復帰決定）

年	教育関係	一般事項
1970 (昭和45) 年	10・31 文部省初中局長,「高等学校における政治的教養と政治的活動について」通達	
	7・17 東京地裁, 第二次教科書裁判判決("杉本判決", 検定を憲法・教育基本法に違反とする)	2・3 政府, 核拡散防止条約に調印
	10 OECD教育調査団,「日本の教育政策に関する調査報告書」を文部・外務両省に内示	3・14～9・13 日本万国博覧会
		6・22 日米安保条約固定期限終了
1971 (昭和46) 年	6・11 中教審,「今後における学校教育の総合的な拡充整備のための基本的施策について」答申	6・17 沖縄返還協定調印
		10・25 国連総会,「中国招請・国府追放」を可決
1972 (昭和47) 年	10・5 文部省, 学制百年記念式典開催	5・15 沖縄復帰
	10・27 文部省, 学習指導要領の弾力的運用について通達	9・29 田中・周日中共同声明(日中国交正常化)
1973 (昭和48) 年	4・25 最高裁, 全農林等の労働3事件で, スト禁止は合憲と判決	1・27 ベトナム和平パリ協定調印
		11・2 石油ショック, トイレットペーパー買いだめ騒ぎ
1974 (昭和49) 年	11・6 最高裁, 猿払等3事件で, 公務員の政治的行為の禁止は合憲と判決	10・8 佐藤栄作前首相にノーベル平和賞
	12・9 永井道雄, 文相就任('52年以来, 22年ぶりに学者文相が復活)	
1975 (昭和50) 年	12・26 学校教育法施行規則を改正(主任制度化)	4・30 サイゴン陥落, ベトナム戦争終わる
		6・19 メキシコ市で国際婦人年世界会議
		11・15 第1回主要先進国首脳会議(サミット)
1976 (昭和51) 年	1・10 専修学校設置基準公布, 専修学校制度発足	2・4 米上院多国籍企業小委員会でロッキード事件暴露
	5・21 最高裁大法廷学テ判決(旭川:一部棄却・一部破棄自判有罪, 岩手:破棄自判有罪)	7・27 田中角栄前首相, ロッキード事件外為法違反で逮捕
1977 (昭和52) 年	6・8 文部省, 小・中学校の新学習指導要領案を発表(君が代の国歌化)	1・1 200カイリ時代へ, EC, カナダの宣言発効
		7・13 最高裁, 津地鎮祭訴訟で合憲判決
1978 (昭和53) 年	11・14 最高裁, 伊藤吉春元校長事件判決(上告棄却, 勤評は適法)	5・23 国連, 初の軍縮総会開く
	12・15 東京・中野区議会,「教育委員準公選条例」を可決	8・12 日中平和友好条約締結(10・23発効)
1979 (昭和54) 年	1・1 国連提唱の国際児童年スタート	5・4 サッチャー, 英国初の女性首相に就任
	4・1 養護学校教育義務制実施	6・6 国際人権規約, 参院本会議で可決, 承認
		6・12 元号法公布・施行
1980 (昭和55) 年	2・29 文部省, 小中学校指導要録改訂通知(小1・2は3段階評定)	6・9 軍縮教育会議, ユネスコ本部で初開催
		7・9 パラオ諸島, 世界初の非核条項を盛り込んだ憲法制定
1981 (昭和56) 年	1・1 国連提唱の国際障害者年がスタート	5・8 鈴木・レーガン共同声明, 日米関係を「同盟」と明記
	2・4 民社党書記長の塚本三郎, 衆院予算委で中学社会科教科書の「偏向」批判	7・10 第2次臨時行政調査会, 第1次答申(11・27行革法案可決)
1982 (昭和57) 年	11・24 教科用図書検定基準改正告示(外交問題化したことで近隣諸国条項追加)	7・26 中国, 歴史教科書記述に抗議(教科書検定の外交問題化)
		12・3 国連総会, 1983～92年を「障害者の10年」と宣言
1983 (昭和58) 年	3・1 大阪地裁, 箕面市忠魂碑訴訟で公務出席に違憲判決	1・18 中曽根康弘首相, 訪米中に日本列島不沈空母などの発言
		10・12 東京地裁, ロッキード事件で元首相田中角栄に有罪判決
1984 (昭和59) 年	8・8 臨時教育審議会設置法公布(3年間)	1・5 中曽根首相, 靖国神社に年頭参拝(現職の首相では戦後初)
		8・3 日本専売公社民営化5法成立
1985 (昭和60) 年	10・23 最高裁, 福岡県青少年条例淫行処罰規定合憲判決	3・29 第4回ユネスコ国際成人教育会議, 学習権宣言採択
		12・27 祝日法改正法公布(5月4日が休日となる)
1986 (昭和61) 年	3・13 最高裁, 福岡県教組内申抜き処分事件適法判決	4・1 男女雇用機会均等法施行
		4・26 ソ連チェルノブイリ原発事故発生
		9・6 土井たか子, 社会党委員長選で当選(初の女性党首誕生)
		11・28 国鉄分割・民営化関連8法案可決, 成立

年		
1987（昭和62）年	8・7 臨教審,「教育改革に関する第四次答申（最終答申）」	
1988（昭和63）年	1・21 最高裁, 佐賀県教組一斉休暇闘争事件判決（『人間の壁』のモデル）	12・7 本島・長崎市長, 定例議会で「天皇に戦争責任はある」と答弁
	7・15 最高裁, 内申書事件判決（事実であれば生徒に不利なことでも記載可）	12・24 税制改革関連法案成立（新型間接税「消費税」の導入）
	12・28 教育職員免許法等の一部を改正する法律公布（学歴別3段階免許状制度の導入）	
1989（昭和64）年	1・7 文部省, 元号の制定について通知	1・7 天皇, 死去（報道の自粛が問題化）
		1・7 閣議, 元号を改める政令公布（新元号は平成, 翌日施行）
1989（平成元）年	6・27 東京高裁, 第二次教科書訴訟差し戻し審判決（訴えを棄却。訴訟終結）	4・1 商品・サービスへの3％消費税実施
	9・8 最高裁, 福岡県校長着任拒否闘争訴訟判決（一部で, 裁量権の乱用を認める）	11・9 ベルリンの壁, 28年余で実質的に崩壊（東欧に民主化）
	11・16 全日本教職員組合協議会（全教）, 結成大会（日教組の分裂が確定）	12・3 米ソ首脳会談, 冷戦との決別を宣言
	11・20 国連総会,「子どもの権利条約」を全会一致で採択	
1990（平成2）年	1・18 最高裁, 伝習館高校事件判決（学習指導要領の法規的性質, 教科書使用義務を容認）	2・7 ソ連共産党, 一党独裁体制放棄を決定
	6・29 生涯学習の振興のための施策の推進体制等の整備に関する法律公布	
	7・6 兵庫県立神戸高塚高校で女高生が校門に挟まれて死亡（7・26教諭懲戒免職）	
1991（平成3）年	8・30 日本教師教育学会創立総会（長尾十三二会長, 12・8 第1回研究大会開催）	1・17 米国等の多国籍軍, イラクの空爆を開始
	9・3 最高裁,「バイク三ない原則」違反退学事件で, 校則は「憲法判断の対象外」として上告棄却判決	12・21 独立国家共同体が誕生し, ソ連邦が消滅
1992（平成4）年	7・27 名古屋地裁, 戸塚ヨットスクール事件一部有罪判決	6・19 国際連合平和維持活動等に対する協力に関する法律公布
		10・17 米国に留学中の高2生, 不審者と誤認され射殺される
1993（平成5）年	2・20 神戸地裁, 兵庫県立神戸高塚高校女子生徒校門圧死事件で有罪判決（確定）	8・9 細川護熙内閣成立（38年ぶりに非自民の連立内閣）
	3・16 最高裁, 第一次家永教科書訴訟で, 検定は違憲・違法ではないと初の判断	
1994（平成6）年	5・16 児童（子ども）の権利に関する条約公布（5・22発効）	7・27 社会党中執が自衛隊合憲, 日米安保堅持など基本政策転換
	5・20 東京高裁, 中野区の中学生いじめ自殺事件で, 学校は適切な指導を怠ったと判決（確定）	
	11・27 愛知県西尾市立東部中2年の大河内清輝君, 悪質ないじめを苦に自殺	
1995（平成7）年	1・1 人権教育のための国連10年スタート	1・17 阪神・淡路大震災発生。死者6400人以上の大惨事
	1・27 最高裁, 両親行方不明で無国籍の4歳男子に日本国籍を認める逆転判決	3・20 東京の地下鉄でサリン事件発生
	2・13 最高裁, 山形県新庄市立明倫中マット死で少年の再抗告棄却決定	8・15 村山富市首相,「先の大戦」でアジア諸国に多大の損害と苦痛を与えたと談話発表
	12・15 文部省,「いじめ問題への取組の徹底等について」通知	10・21 沖縄で, 米兵の暴行事件に抗議する県民総決起大会を開かれる
1996（平成8）年	3・8 最高裁, エホバの証人高専生進級拒否・退学処分取消訴訟判決	8・4 新潟県巻町, 原発建設は非を問う住民投票で反対派が圧勝
1997（平成9）年	6・18 小学校及び中学校の教諭の普通免許状授与に係る教育職員免許法の特例等に関する法律公布	5・2 英・総選挙で労働党が圧勝し, 同党首トニー・ブレアが首相に就任
	6・28 神戸小学生連続殺傷事件で中3生逮捕	7・1 英, 香港を中国に返還（一国二制度）
	8・29 最高裁, 第三次教科書訴訟判決（731部隊に対する検定は違法, 32年余の家永訴訟終結）	12・1 地球温暖化防止京都会議開幕
1998（平成10）年	6・5 国連子どもの権利委員会, 日本政府に極端に競争的な教育制度の改善など22項目の改善勧告	2・25 金大中, 韓国大統領に就任
	6・12 学校教育法改正法公布（中等教育学校の創設）	6・12 中央省庁等改革基本法公布
1999（平成11）年	2・28 広島県立世羅高等学校長, 卒業式での日の丸・君が代問題に悩み自殺	1・1 欧州連合（EU）の単一通貨［ユーロ］, 独仏など11カ国に導入

資料編　191

年				
2000（平成12）年	7・16	文部科学省設置法公布	7・8	中央省庁関連法（2001年から1府12省庁体制）が参院で成立
	8・13	国旗及び国歌に関する法律公布・施行	2・6	太田房江，大阪府知事に初当選（全国初の女性知事誕生）
	6・7	中央教育審議会令公布（委員30人以内，5分科会設置，'01・1・6施行）	5・8	森喜朗首相，「教育勅語はいいところもあった」と発言し，問題化
	9・8	最高裁，福岡市立小の「ゲルニカ訴訟」で処分を受けた教諭の上告棄却		
	12・22	教育改革国民会議，首相に「報告」を提出		
2001（平成13）年	1・6	文部科学省（文科省），文部省と科学技術庁が統合してスタート	1・6	中央省庁改革で1府12省庁がスタート
	4・3	文科省，新しい歴史教科書をつくる会主導の『新しい歴史教科書』の検定合格を発表	5・8	韓国政府，検定合格の中学校歴史教科書に対し修正要求
	6・8	大阪教育大学附属池田小で包丁男が乱入する殺傷事件発生	6・22	国民の祝日に関する法律の一部改正公布
			6・26	政府，「経済財政運営の基本方針」（骨太の方針）を閣議決定
			9・11	米国で同時多発テロ発生
2002（平成14）年	4・1	公立小・中・高等学校で完全学校週5日制がスタート	1・29	ブッシュ米大統領，北朝鮮・イラン・イラクを「悪の枢軸」と非難
	4・22	文科省，都道府県教育長に小・中学生用道徳副教材「『心のノート』について（依頼）」を通知	5・31	サッカーW杯，日韓共同主催でアジアで初開幕
	5・31	教育職員免許法の一部を改正する法律公布（中・高の教諭が小・中で教授可能に）	6・4	閣議，京都議定書の批准を決定
2003（平成15）年	10・23	東京都教委，「入学式，卒業式等における国旗掲揚及び国歌斉唱の実施について」通達	3・20	米軍，イラク戦争開始
	11・11	最高裁，指導要録についてA一部学習記録などの客観的記録の開示を認める判決	12・9	閣議，イラクへの自衛隊派遣基本計画を決定
2004（平成16）年	1・30	国連・子どもの権利委員会，日本に対し差別やいじめをなくすための一層の改善を求める勧告	2・13	パウエル米国務長官，イラクの大量破壊兵器の存在を否定
	8・6	高知県こども条例公布（都道府県で初）	9・18～19	プロ野球選手会，史上初のスト
	10・28	天皇，国旗・国歌に関し「やはり強制になるということでないことが望ましい」と述べる		
	12・7	OECD，15歳対象の国際学習到達度調査結果公表（日本の子どもの学力低下が明らかに）		
	12・10	発達障害者支援法公布		
2005（平成17）年	11・7	障害者自立支援法公布	1・20	気候変動に関する国際連合枠組条約の京都議定書公布
			3・25～9・25	愛知万博開催
			10・21	郵政民営化関連6法公布
			11・22	自由民主党，立党50年記念大会で新憲法草案発表
2006（平成18）年	2・7	最高裁，広島県教組事件判決（組合主催の教研は「教特法の趣旨にかなうもの」と判決）	6・20	夕張市，財政再建団体の指定を受けることを表明
	3・31	国の補助金等の整理及び合理化等に伴う義務教育費国庫負担法等の一部を改正する等の法律公布	12・22	防衛庁設置法等の一部を改正する法律公布（防衛省に）
	4・13	東京都教委，職員会議で教職員の意向をきく挙手・採決を禁止する通知		
	6・15	就学前の子どもに関する教育，保育等の総合的な提供の推進に関する法律公布		
	6・21	学校教育法等の一部を改正する法律公布（盲・聾・養護学校を特別支援学校に）		
	9・21	東京地裁，国歌斉唱義務不存在確認等請求事件で，国旗・国歌の強制は違憲と判決		
	12・22	教育基本法公布・施行（1947年の教育基本法の全部改正）		
2007（平成19）年	2・5	文科省，「学校教育法第11条に規定する児童生徒の懲戒・体罰に関する考え方」を示す	1・9	防衛省発足（自衛隊の海外活動を本来任務に格上げ）
	2・27	最高裁，公立小学校入学式での「君が代」のピアノ伴奏拒否事件判決（校長の職務命令は合憲）	1・27	柳沢伯夫厚労相，「女性は産む機械」と失言し問題化
	4・24	文科省，43年ぶりに全国学力テスト実施	6・30	久間章生防衛相，米の原爆投下を「しょうがない」と失言

年	教育関係	一般事項
2008（平成20）年	1・31 教育再生会議、「社会総がかりで教育再生を」最終報告 3・31 免許状更新講習規則公布	1・27 橋下徹、大阪府知事に当選 6・8 東京・秋葉原で17人殺傷事件発生 7・14 文科省、中学校学習指導要領解説に竹島問題を初めて記述 10・31 田母神俊雄航空幕僚長、日本の過去の侵略を否定し更迭 11・4 バラク・オバマ、米大統領選でアフリカ系の候補として初当選
2009（平成21）年	10・27 最高裁、静岡県磐田市立小学校教員の自殺は公務災害と認定 12・10 最高裁、生徒募集時の教育内容等が変更されても、必要性・合理性があれば裁量の範囲内と判決	4・5 オバマ米大統領、プラハで「核兵器のない世界」をと演説 8・30 総選挙で民主党が308議席を獲得し第一党に 11・27 行政刷新会議、事業仕分けスタート
2010（平成22）年	3・31 公立高等学校に係る授業料の不徴収及び高等学校等就学支援金の支給に関する法律公布 3・31 平成二十二年度における子ども手当の支給に関する法律公布	1・1 日本年金機構発足（社会保険庁廃止） 5・28 閣議、米軍普天間飛行場の辺野古移設を決定
2011（平成23）年	4・22 公立義務教育諸学校の学級編制及び教職員定数の標準に関する法律の一部を改正する法律公布 5・30 最高裁、都立高卒業式で国歌斉唱時の校長の起立職務命令は憲法19条に違反していないと判決 8・27 沖縄県・竹富町教委、教科書八重山採択地区協議会とは異なる中学校公民教科書を採択	3・11 東日本大震災発生。死者1万5千人以上の戦後最大の惨事 3・11 東京電力福島第一原発で、世界最大規模の原発事故発生
2012（平成24）年	3・28 （大阪府）職員基本条例、大阪府教育行政基本条例、及び大阪府立学校条例公布 7・17 滋賀県警、大津市立中2男子生徒いじめ自殺事件で、市教委と中学校を家宅捜索 8・22 子ども・子育て支援法等の子ども・子育て関連3法公布	8・10 消費増税法が成立、'14年4月に8％、'15年10月に10％の予定 9・11 政府、尖閣諸島国有化決定 12・16 猪瀬直樹、東京都知事選で約434万票を獲得し当選 12・26 安倍晋三、第96代内閣総理大臣に就任（第二次安倍内閣）
2013（平成25）年	1・15 橋下徹大阪市長、大阪市立桜宮高校の体罰問題を受けて同校体育系2科の入試の中止を要請する 3・13 文科省、「体罰の禁止及び児童生徒理解に基づく指導の徹底について」通知 6・26 子どもの貧困対策の推進に関する法律公布 6・28 いじめ防止対策推進法公布 11・28 最高裁、都立七生養護学校における性教育批判事件で、原告、被告双方の上告を棄却する	4・26 公職選挙法の一部を改正する法律公布（インターネット選挙運動解禁） 7・21 自民党、参院選で圧勝し、「ねじれ国会」を解消 9・7 IOC、2020年オリンピック・パラリンピック開催都市を東京に決定 12・13 特定秘密の保護に関する法律公布（1年以内に施行）
2014（平成26）年	1・22 障害者の権利に関する条約公布	2・9 舛添要一、東京都知事選で当選

【石本祐二・海老沢隼悟】

索　引

あ

ILO・ユネスコ共同専門家委員会　101
愛国心（教育）　65,105
愛のムチ　74,80
安倍内閣　110,118
家永教科書裁判　115
いじめ防止対策推進法　75,76
１条校　59,60,62
一括交付金化政策　161
一貫教育　67,68
一貫校　67
一般行政からの独立　46
一般的意見　168
運営費交付金　153,154
公の支配　148,154
お粗末な解釈　32
オリンピック憲章　179

か

解釈改正　48
学習権　18
学習権宣言　124,170
学習指導要領　22,102,103
学習指導要領一般編　107
　──の法的拘束力　23
学問の自由　173
学区の自由化　69
学校給食法　58
学校教育法　17,58,62-64,102,104-106,111,113,114
『学校教育法解説（初等中等教育編）』　31
学校教育法施行規則　64,103
学校支援地域本部　132
学級制度　14,58
学校制度的基準　108
学校図書館法　58
学校の創意工夫　25
学校保健安全法　58
課程認定　89
兼子仁　108
カリキュラム　102
官報　49,51

君が代　108
義務教育　58
義務教育諸学校等の施設費の国庫負担等に関する法律　151
義務教育の無償性　149
義務教育費国庫負担金　159
義務教育費国庫負担制度　158
義務教育費国庫負担法　151
教育委員会　107,140-146
教育委員会公選制　143
教育委員会法　17,107,139
教育改革国民会議　90
教育課程法制　17,105
教育基本法　16,36-55,60,65,109,120,128,134-136,148
「教育基本法制定の要旨」　36
『教育基本法の解説』　55
教育行政の任務（と限界）　37,135
教育憲章　36
教育権の独立　26
教育憲法　36
教育公務員特例法（教特法）　28,93,95-98
教育再生　54
教育再生実行会議　154
教育刷新委員会　41,139
教育差別禁止条約　164,174
教育事務　145
教育条理　138
教育職員免許法　10,27,64,88
教育振興基本計画　52,136,162
教育専門的裁量性　26
教育長　141
　──の任命承認制　48
教育勅語等の失効確認に関する決議　41
教育勅語等排除に関する決議　41
教育ニ関スル勅語　15,40,137
教育の機会均等　43,134
教育の自治の原則　120
教育の社会的・制度的・経営的事項　11
教育の住民自治　129
教育の地方自治　138-140
教育補助金　151
教育立法の法律主義　45

教育を受ける権利　43,134
教員研修　95
　　──の自主性　96
教員採用　93
教員採用候補者選考試験　94
教員資格認定試験　89
教員人事考課制度　99
教員の自己申告書　100
教員の地位に関する勧告　100,101,177
教員評価制度　100
教員免許更新制　90,91
教員養成の課程認定　89
教科　105,110
教科書　110
　　──(の) 採択　112,136
教科書検定　111,114-118,136
教科書使用義務　113
教科書制度　114
教科書統制　14
教科書無償制度　112
教科用図書　110
教科用図書検定基準　111
教科用図書検定規則　111
教科用図書検定調査審議会　104,111
教師の教育の自由　18,24
教授要目　22
郷土及び国家の現状と伝統について　42
近隣諸国条項　116
軍国主義的　20
検察官送致　74
研修　95
県費負担職員制度　151
憲法→日本国憲法
憲法の自主的改正　47
合議制の行政委員会　141
公教育（制度）　58,135
構造改革特別区域　60
高等教育職員の地位に関する勧告　177
校内暴力　80
国際教育法の条理　27
国際公教育会議　176
国際人権規約　62,149,164
国民の学習権　135
国立大学法人法　58,153
個人の価値と尊厳　42
個性を生かす教育　25
国家主義的　20
国旗　108

子どもの意見表明権　78
子どもの権利　172
　　──内容（体系）　84,85
子どもの権利委員会　83
子どもの権利条約　72,80,85,149,166,178
子どもの人権オンブズパーソン　82
子どもの福祉法制　73
子ども・若者育成支援推進法　85
子ども・若者ビジョン　85

さ

最高裁大法廷学テ判決　16,33,35,109,134
財政構造改革法　156,157
財政制度審議会　156
裁判規範　168
三大義務　60
三位一体の改革　157
ジェルピ, E.　123
私学助成　154
視学制度　46
自主的な研修　28
市町村立学校職員給与負担法　151
指定管理者制度　131
指導主事（制度）　17,46,142
指導助言文書　146
指導力不足教員　98
師範学校令　57
私費負担　161
社会教育の権利　120
社会教育法　128-130
社会権規約　165,176
社会権規約委員会　162,169
宗教・道徳的教育の自由　173
従軍慰安婦　117
自由民主党　47
主幹教諭　66
授業料の不徴収　149
10.23 通達　29
生涯学習の権利　120
障害のある人の権利条約　171,175
小学校令　14,57
条件附採用　97
職務権限　143,144
諸条件の整備確立　45
所掌事務　143,144
女性差別撤廃条約第 10 条　175
初任者研修制度　96
私立学校法　58,61

私立学校振興助成法　154
私立大学経常費　155
人格の完成　42,135
人権感覚　80
人権条約　170,177
人権条約委員会　168,169
人事考課制度　100
人種差別　172
杉本判決　115
世界人権宣言　43,164,165,170
設置者管理主義　150
設置者負担主義　150,151,153
ゼロ・トレランス　75-79
選考　93
専門職制の確立　11
総額裁量性　158
総括所見　168
卒業式　29

た

大学院修学休業制度　97
大学における教員養成　88
大綱的基準説　108
大日本帝国憲法　15,38,40,57
体罰　75,79,173
田中耕太郎　26
単線型の学校体系／制度　58,59
地域主権戦略大綱　161
地方教育行政の組織及び運営に関する法律（地教行法，地方教育行政法）　30,48,93,112, 140,143-145
地方交付税交付金　151
地方交付税制度　153
地方財政法　151,153
地方自治の原理　138
地方自治法　30,131,139,145,151
地方独立行政法人法　58
地方分権　106
地方分権の推進を図るための関係法律の整備等に関する法律（地方分権一括法）　106,143
中央教育審議会答申　150,159
中学校令　57
勅令　57
勅令主義　14,45,137
帝国大学令　57

伝習館高校第一小法廷判決　109
東京都教育委員会　29,99
独任制の行政機関　141
特別の教科　110

な

21世紀教育新生プラン　50
21世紀に向けた高等教育世界宣言　7
日本教師教育学会　9
日本国憲法　13,58,134
　——第23条　29
　——第26条　16,18,60,149
　——第98条　167
入学式　29
任命承認制　142
能力に応ずる教育　44

は

半額国庫負担制　160
日の丸・君が代　21
副校長　66
不当な支配（の禁止）　18,19,44,136,144
法律万能主義　138

ま

無償教育の導入　176
命令遵守義務　33
免許更新講習　92
免許更新制　90
免許状授与の開放制　88
文部科学省　144
　——2.5通知　75-77,79
文部科学省設置法　144,145
文部科学大臣　145
文部省設置法　17

や

ユネスコ　122,123,164,170,174,177

ら

ラングラン，P.　123
臨時教育審議会　97

わ

わが国と郷土を愛する　53

シリーズ編集代表

三輪　定宣（みわ　さだのぶ）

第7巻編者

浪本　勝年（なみもと　かつとし）

　　1942年　岡山県倉敷市生まれ
　　日本教育法学会・理事（元事務局長）
　　立正大学教授，日本教育政策学会・会長等を経て，現在に至る
　　主要著書　『現代教育政策の展開と動向』（1987年，学陽書房）
　　　　　　　『現代の教師と学校教育』（1991年，北樹出版）
　　　　　　　『戦後教育改革の精神と現実』（1993年，北樹出版）
　　証言録　　『教育内容行政の限界』（1984年，北樹出版）
　　　　　　　『教育裁判証言・意見書集』（2006年，北樹出版）
　　主要編著　『教育判例ガイド』（2001年，有斐閣）
　　　　　　　『「改正」教育基本法を考える―逐条解説―』（2007年，北樹出版）
　　　　　　　『ハンディ教育六法（2014年版）』（2014年，北樹出版）

［教師教育テキストシリーズ7］
教育の法と制度

2014年4月20日　第1版第1刷発行

編　者　浪本　勝年

発行者　田中　千津子　　〒153-0064　東京都目黒区下目黒3-6-1
　　　　　　　　　　　　電話　03（3715）1501 ㈹
発行所　株式会社 学文社　FAX　03（3715）2012
　　　　　　　　　　　　http://www.gakubunsha.com

©Katsutoshi NAMIMOTO 2014　Printed in Japan　　印刷　新灯印刷
乱丁・落丁の場合は本社でお取替えします。
定価は売上カード，カバーに表示。

ISBN 978-4-7620-1657-8

教師教育テキストシリーズ
〔全15巻〕

編集代表　三輪　定宣

第1巻	教育学概論	三輪　定宣 著
第2巻	教職論	岩田　康之・高野　和子 共編
第3巻	教育史	古沢　常雄・米田　俊彦 共編
第4巻	教育心理学	杉江　修治 編
第5巻	教育社会学	久冨　善之・長谷川　裕 共編
第6巻	社会教育	長澤　成次 編
第7巻	教育の法と制度	浪本　勝年 編
第8巻	学校経営	小島　弘道 編
第9巻	教育課程	山﨑　準二 編
第10巻	教育の方法・技術	岩川　直樹 編
第11巻	道徳教育	井ノ口淳三 編
第12巻	特別活動	折出　健二 編
第13巻	生活指導	折出　健二 編
第14巻	教育相談	広木　克行 編
第15巻	教育実習	高野　和子・岩田　康之 共編

各巻：A5判並製カバー／150～200頁

編集方針
① 教科書としての標準性・体系性・平易性・発展性などを考慮する。
② 教職における教育学の魅力と重要性が理解できるようにする。
③ 教職の責任・複雑・困難に応え，その専門職性の確立に寄与する。
④ 教師教育研究，教育諸科学，教育実践の蓄積・成果を踏まえる。
⑤ 教職にとっての必要性・有用性・実用性などを説明・具体化し，現場に生かされ，役立つものをめざす。
⑥ 子どもの理解・権利保障，子どもとの関係づくりなどが深められるようにする。
⑦ 教育実践・研究・改革への意欲，能力が高まるよう工夫する。
⑧ 事例，トピック，問題などを随所に取り入れ，実践や事実への関心が高まるようにする。